PRINCIPES

DU

DROIT PUBLIC MARITIME.

PARIS. — IMPRIMERIE DE BOURGOGNE ET MARTINET, RUE JACOB, 30.

PRINCIPES

DU DROIT PUBLIC

MARITIME

ET

HISTOIRE DE PLUSIEURS TRAITÉS

QUI S'Y RAPPORTENT,

Par le Comte FERDINAND LUCCHESI-PALLI;

Ouvrage traduit de l'italien

Par J. ARMAND DE GALIANI,

Traducteur du poëme de la NAVIGATION de Bernardino Baldi.

PARIS,

A. LENEVEU, LIBRAIRE POUR LA MARINE

ET L'ART MILITAIRE,

Rue des Grands-Augustins, 18.

1842.

AVANT-PROPOS.

C'est à la navigation que sont dues les relations politiques et commerciales entre les peuples séparés par l'intervalle des mers ; celles-ci sont un domaine *neutre*, sur lequel s'établissent les voies de communication qui relient l'une à l'autre les limites continentales des diverses parties du monde.

Mais, pour que les mers conservent complétement ce caractère de neutralité, qu'elles tiennent de la Providence ; pour qu'elles ne deviennent point, contrairement à leur nature, une source de discorde et d'oppression, il est nécessaire que, dans l'usage de *la chose commune*, tous les peuples, sans exception, se soumettent religieusement à l'observation de certaines règles, conformes aux principes généraux de l'équité.

Ces règles, qui constituent le *droit naturel maritime*, ne pouvaient, il est vrai, à raison de leur simplicité même, suffire à toutes les éventualités, à tous les effets d'un contact fréquent entre gens d'habitudes et de mœurs différentes, souvent aussi d'intérêts opposés.

Comme interprétation et comme développement du *droit naturel*, on a donc senti le besoin de lois positives qui assurassent, pour la navigation, le maintien de l'ordre et de la bonne harmonie, tant à l'égard des bâtiments de guerre qu'à celui des navires de la marine marchande.

Ainsi s'est formé le *droit public maritime*.

On pense bien que, depuis son origine, ce droit a dû éprouver de grandes variations ; mais ces variations n'ont point toujours été motivées par les progrès de la civilisation, par les développements du commerce, par l'extension donnée à l'art de naviguer : trop souvent l'intérêt exclusif d'une nation, momentanément assez prépondérante sur mer pour assujétir les autres à ses volontés, a imposé des conditions tout-à-fait en désaccord avec le droit naturel. De là des innovations fatales, qui, à différentes époques et sous divers prétextes, ont été érigées en lois et en principes fixes, dans la seule vue de satisfaire d'injustes prétentions ; de là ces stipulations arbitraires, insérées dans une foule de conventions particulières, qui n'ont servi qu'à obscurcir la législation maritime, et qui en ont rendu l'étude laborieuse et pénible.

C'est pour faciliter cette étude, c'est pour généraliser et rendre accessibles à tous les idées relatives au *droit public maritime*, que M. le comte *Ferdinand Lucchesi Palli* a composé l'ouvrage dont nous offrons la traduction.

L'auteur, qui n'a point entendu faire un traité complet du droit des gens sur mer, s'est attaché spécialement à poser les principes d'où l'on est parti, ainsi que les modifications qu'a subies ce droit, et il a déployé dans l'accomplissement de cette tâche autant de sagacité que d'érudition. Il a fait plus, il s'est montré homme de bien en s'efforçant de prouver la nécessité d'un accord entre tous les gouvernements pour rédiger, dans l'intérêt de la justice et de l'humanité, une *Charte maritime*, dont il indique les bases. Son livre renferme des notions exactes et intéressantes, notamment dans le chapitre Ier, où il réunit différents traités relatifs à la liberté des mers; dans le chapitre V, du *Pavillon*, et dans plusieurs autres endroits où il cite des faits historiques dignes de la méditation de tous les hommes d'Etat.

Jusqu'à présent, on ne possède en France aucun ouvrage récent, spécialement consacré à faciliter l'étude du *droit public maritime*, qui puisse servir de manuel dans les cas embarrassants.

Le livre de M. *de Lucchesi*, par son plan et par les documents historiques qu'il contient, est de nature à aider beaucoup les hommes qui s'occupent de cette branche du droit public. Peut-être n'est-il pas inutile de faire remarquer ici que comme citoyen d'un Etat environné de côtes maritimes étendues, et qui doit tirer ses principales ressources du commerce et de la navigation, l'auteur a été conduit à admettre, relativement à l'état de guerre, des doctrines qui, étant à l'avantage des peuples dépourvus d'une marine militaire imposante, trouveront sans doute des contradicteurs. Les maximes généreuses et philanthropiques que professe

M. *de Lucchesi*, en ce qui concerne l'immunité la plus étendue des neutres, seront vraisemblablement considérées comme d'une application difficile et sujettes à controverse si on voulait tenter de les introduire dans le Code maritime.

Nous laissons aux hommes compétents en cette matière à prononcer sur ce point particulier. Il ne nous appartient pas d'ailleurs de juger les doctrines émises par M. le comte *Lucchesi;* nous nous sommes borné uniquement à reproduire ses pensées aussi fidèlement que cela nous a été possible, et nous avons cru, en nous y appliquant, faire une chose utile. Puissions-nous avoir atteint ce but!

Qu'il nous soit permis d'ajouter que l'ouvrage de M. le comte *Lucchesi Palli* a été, dans toute l'Italie, le sujet de graves et savantes discussions, et qu'il y a obtenu un véritable succès. M. *de Lucchesi*, comme diplomate, comme écrivain versé dans les sciences économiques, et déjà connu par d'autres publications d'un ordre élevé, est un de ces hommes qui, à l'avantage d'un nom illustre, savent joindre les vertus publiques et le mérite personnel. On doit le féliciter des travaux consciencieux auxquels il se livre en vue du bien général ; et, pour notre part, c'est moins un sentiment d'amitié personnelle que notre conviction, relativement à l'utilité réelle de son œuvre, qui nous engage à rendre ici un hommage public à la pureté et à la noblesse de ses intentions.

J. A. DE GALIANI.

INTRODUCTION.

Les anciens pensaient que la *politique* était l'art de rendre les peuples heureux, mais que ceux-ci, pour arriver au bonheur, devaient être moraux ; ainsi, la politique était toujours en corrélation avec la morale. Les législateurs de cette époque s'atta-chèrent toujours à former des peuples libres et vertueux. Cette manière de gouverner rendit les Grecs florissants, les Romains maîtres du monde.

La nation dont les gouvernants sont réellement vertueux est incontestablement appelée à prospérer. Platon, Cicéron et tous ceux qui se sont occupés des lois et de la félicité publique, ont raisonné en ce sens. Le déclin de la splendeur et de la prospérité publique chez les Romains et les Grecs date du moment où la corruption se glissa parmi eux.

La découverte de l'Amérique, le commerce et les arts, en nous donnant l'aisance et la richesse, ont accru en même temps nos besoins et nos vices. L'ambition des conquêtes a été en partie abandonnée, et le bonheur n'a plus consisté que dans l'amas des richesses. Souvent la justice, le droit et l'équité ont été mis en oubli pour un avantage fugitif et momentané.

L'étude la plus noble est celle de l'homme, de sa nature, de ses droits, de ses devoirs, et, enfin, des grands objets qui intéressent la morale et la législation. Nous ne pouvons nous flatter d'atteindre au bonheur public sans la préexistence de lois justes, impartiales, communes à tous. Il faut que les rapports des divers États qui composent la famille humaine soient équilibrés, durables, et tendent à un bien-être commun et réciproque. De ces principes sont nées les lois concernant le droit public et le droit des gens, qui ont servi à établir les rapports conventionnels. Les conventions sanctionnées par la raison publique et qui ont formé des règles inviolables parmi les nations contractantes sont nécessairement de différentes natures.

D'après ces principes généraux, j'ai été conduit à composer un ouvrage qui ait pour objet le *droit public maritime*. Né citoyen d'un État entouré de côtes maritimes étendues, et qui, à mon avis, doit compter le commerce et la navigation au nombre de ses principales ressources, il m'a semblé indispensable de généraliser et de rendre accessible à tous les idées qu'embrasse la science du droit public maritime. Je commencerai par démontrer que les mers ne peuvent être la propriété exclusive d'aucune nation.

PRINCIPES

DU

DROIT PUBLIC MARITIME.

CHAPITRE PREMIER.

De la Communauté des Mers, de la Pêche et de la Navigation.

La nature n'a pas donné à l'homme le droit de s'approprier les choses dont l'usage, incapable de nuire, est utile, indéfini et suffisant pour tous. Telles sont particulièrement les propriétés des *mers*, dont les hommes se servent pour la navigation, pour la pêche, pour la fabrication du sel, pour la recherche de beaucoup de choses qui se trouvent le long des côtes, comme les coquillages, les perles, l'ambre, le corail et autres substances ; et enfin où ils choisissent des lieux de refuge et d'abri pour leurs navires.

Personne ne peut prétendre à une domination permanente en pleine mer, ni empêcher qui que ce soit d'y naviguer à son gré. Je pose cette question : Une nation puissante sur les mers pourrait-elle interdire aux autres d'y pêcher et d'y naviguer? — Non. La pêche n'est point nuisible, elle est pour l'homme une ressource utile et inépuisable ; la navigation ne nuit également à personne ; elle est au contraire avantageuse, puisqu'elle facilite les communications. Par conséquent, aucune nation n'a le droit de s'approprier les mers au préjudice des autres ; leur usage est de droit commun : une nation qui ferait en sorte d'exclure les autres de toute participation aux avantages qui viennent d'être indiqués commettrait une offense. L'offensé aurait faculté entière de s'y opposer, en recourant même à la force pour n'être point gêné dans l'exercice de ses droits.

La mer est destinée à unir étroitement les relations entre les hommes, et à établir une sorte de communauté entre l'eau et la terre, afin que l'une et l'autre contribuent, avec les fruits prodigués par la nature, au bonheur dé l'humanité. C'est donc une sage législation que celle qui protège surtout la navigation. Elle consolide le lien social parmi les hommes, et formant de tous les peuples une seule famille, elle produit et alimente les secours mutuels qui répondent diversement au besoin de chacun. Elle établit des liens d'amitié, adoucit le caractère des peuples non civilisés, et conduit les hommes à l'accomplissement de leurs devoirs réciproques par l'intérêt qu'ils y trouvent eux-mêmes. En somme, elle procure toujours les avantages les plus solides.

Ces principes posés, il est évident qu'une nation ne s'arrogerait pas à elle seule le droit de naviguer et de pêcher librement sans offenser toutes les autres. Celles-ci ayant intérêt à faire respecter le droit des gens (base de la tranquillité générale), ont la faculté positive de se réunir pour réprimer par la force un tel empiétement. Néanmoins une nation peut, au moyen de traités, renoncer librement à ses droits, et, quand sa renonciation est expresse, il faut observer les obligations contractées. Mais si l'on suppose qu'une ou plusieurs nations n'aient pas fait usage du droit de pêche pendant un long laps de temps, et que, dans cet intervalle, une autre l'ait exercé dans une mer donnée, il ne s'ensuit pas qu'à cette autre doive appartenir le droit de pêche, à l'exclusion des premières ; car ce droit est commun et imprescriptible. Et selon un aphorisme bien connu, « ce n'est point déchoir de ses droits que de n'en pas user : » il faut une renonciation expresse.

Ces principes généraux souffrent cependant quelque exception, due aux divers usages maritimes qui sont pour ainsi dire admis partout. La portion de mer qui baigne les côtes sur lesquelles on pêche les perles, l'ambre, le corail, etc., est susceptible d'appropriation. En effet, les objets qu'on y recherche ne sont pas inépuisables, et il est juste que les habitants voisins de ces côtes se les approprient et en acquièrent la possession absolue, comme ils ont fait de la terre qu'ils habitent. C'est comme un bienfait concédé par la nature aux peuples qui avoisinent la côte et qui en sont les maîtres. On ne peut en dire autant de la pêche du poisson, qui de sa nature est intarissable.

Quoique dans beaucoup de lois romaines on qualifie la pêche comme un acte libre qui s'exerce dans la mer par le droit de la nature et des gens, cela doit s'entendre en tant que les choses restent dans leur état primitif de nature. Dès que les hommes se sont réunis en société civile et que les gouvernements ont été établis, un tel droit, pour l'avantage des nationaux comme pour celui des étrangers, a dû être circonscrit par des lois positives dans des limites déterminées. Qu'on fasse attention néanmoins que la législation humaine peut sanctionner

des lois en dehors de celles de la nature, mais non
pas en établir de contraires à ces dernières. Aussi
les lois civiles, dans beaucoup de cas, n'ôtent-elles
pas la possession acquise par droit de nature ; elles
mettent seulement, pour la sûreté d'une autre possession, des restrictions à l'exercice du droit primitif. Par exemple, chacun peut prendre et s'approprier un volatile même dans le champ d'autru
mais si on l'en empêche, cet empêchement ne le
prive pas du droit primitif de prendre le volatile,
mais de l'exercice du droit dans la propriété d'un
autre. Il en est de même de la pêche : chacun peut
s'approprier les produits de la mer ; toutefois, on
peut en être empêché pour n'avoir pas la faculté
d'entrer dans un port ou dans un étang, qui sont
devenus des propriétés particulières. C'est un tem-
pérament qui a été introduit pour le bien des peuples réunis en société, afin qu'ils fussent garantis
des entreprises de leurs voisins. Et c'est pour cela
que les nations, ayant de temps à autre observé
que beaucoup d'actes licites en droit naturel ne
conspiraient pas au grand but de la félicité publique, les ont réglés par des lois telles que, sans
enfreindre le droit positif de la nature, ils concou-
russent aux besoins des temps et des circonstances.
C'est aussi pourquoi les Romains, les premiers et

les plus grands législateurs du monde, s'éloignèrent dans leur droit civil de l'état primitif de communauté, dans lequel d'autres nations de l'antiquité avaient laissé leurs biens. Quelquefois ces mêmes Romains durent conserver l'état primitif, tandis que d'autres peuples en avaient disposé différemment. De ces principes est née la loi civile qui prohibe la pêche dans des lieux et des temps déterminés. Cette prohibition n'a pas détruit le droit naturel de faire la pêche et de disposer à son gré de ses produits.

Ainsi, une mer peut avoir de petites baies ou des golfes environnés de rives, qui appartiennent à un pays, et alors la pêche, dans ces espèces de réservoirs, est une chose permise et publique pour les seuls habitants de ce pays, un droit qui leur est naturellement acquis et réservé. Il en est de même pour la pêche qui se fait dans les fleuves: si ces derniers, bien que publics, pénètrent dans les propriétés de particuliers, les anses ou bassins qu'ils y forment deviennent susceptibles de pêche privée.

La mer, considérée comme une immense agrégation d'eau, ne peut être tout entière appliquée à l'usage exclusif de personne.

Les jurisconsultes romains, et avec eux Justi-

nien, ont dit avec beaucoup de sens et de préci-
sion que la mer était commune à tous, plutôt par
le droit naturel que par le droit des gens. Et si
dans les Institutions il est dit que la mer n'appartient à personne, cela doit s'entendre comme
une conséquence de ce principe, qu'il est impossible que personne possède et s'approprie
ce qui n'est applicable à l'usage exclusif de personne.

Par un effet de ce droit naturel, la propriété ne
s'étend ni aux oiseaux ni aux poissons. Mais si,
pris en masse, l'air et l'eau sont insaisissables, on
peut fort bien s'emparer des animaux qui les par-
courent; par conséquent, la pêche ne peut être in-
terdite à personne, et les poissons pris deviennent
la propriété du pêcheur Mais si on fait la pêche
dans un lieu où elle est prohibée, soit par une disposition du pouvoir souverain, soit en vertu de
traités conclus avec d'autres nations, celui qui
vient y prendre des poissons doit être contraint à
payer une amende et à la restitution du poisson.
Nul ne peut se livrer arbitrairement à un acte qui
est contre la volonté souveraine et contre la foi des
traités.

L'usage de la pêche est subordonné au droit de
naviguer. Les peuples même les plus barbares du

moyen-âge ne négligèrent pas de régler la pêche de manière à ce qu'elle ne fît point de tort à la navigation. Théodoric, roi des Goths, rendit, vers le milieu du IVe siècle, un édit par lequel il prescrivit de supprimer les enceintes qu'on avait établies pour la pêche, parce qu'elles encombraient les côtes et les fleuves navigables. Il est juste et raisonnable que la liberté de la pêche, qui n'est pas d'ntilité publique, soit limitée par une règle fixe et subordonnée à la navigation, dont le but est l'intérêt universel. La pêche doit être garantie, mais de manière que la navigation n'en souffre point d'entraves dans 'son noble et libre cours. Celui qui veut exercer la pêche doit éviter d'embarrasser les opérations du navigateur et doit user de précaution dans l'emploi de ses instruments pour ne point arrêter le passage des navires. S'il était cause qu'il arrivât malheur au navigateur, il serait tenu de l'en dédommager.

Toutefois, un pêcheur paisible et prudent a bien aussi droit à être indemnisé si ses filets ou ses instruments de pêche sont coupés et brisés par un bâtiment dont l'équipage, soit par maladresse, soit par méchanceté, lui a causé des dommages. Nul n'est autorisé à en outrager un autre, et s'il le fait, son action est répréhensible.

C'est pour éviter des inconvénients de cette sorte
que les peuples ont établi des règlements aussi
sages que prudents qui pourvoient à ce que les pêcheurs ne fassent aucun tort à la navigation, et à
ce que celle-ci ne détruise pas l'industrie de ceux
qui tirent du fruit de la pêche la subsistance de
leurs familles. On établit d'abord quelques dispositions pour la pêche en pleine mer, et d'autres
pour la pêche près des rivages; car près des rivages, les rapports entre la pêche et la navigation deviennent, par suite de l'affluence des navires, plus
communs qu'en pleine mer. Plusieurs gouvernements ont déterminé, pour les mers de leur dépendance, le temps, le mode et le genre de pêche;
ont prohibé l'usage de quelques engins comme
préjudiciables à la reproduction des poissons.
Cette prescription a eu lieu non seulement pour
les mers, mais encore pour les fleuves et pour les
lacs. Puis, en ce qui regarde les étrangers, le besoin de la pêche a fait établir des traités pour le
bien des nations. Les principaux sont : celui qui
fut conclu en 1456 entre Henri IX et Philippe,
archiduc d'Autriche, relativement à la pêche dans
la mer d'Allemagne; celui de 1654, fait par Cromwell entre les Anglais et les Hollandais, et par le-

quel il fut établi que les Hollandais, pour exercer
la pêche, devraient se tenir à dix lieues des côtes
de la Grande-Bretagne.

Dans les articles préliminaires du traité de paix
du 3 novembre 1762, entre l'Angleterre, la France
et l'Espagne, on convint, § 3, que les Français auraient la liberté de pêcher et de sécher le poisson
sur une partie des côtes de l'île de *Terre-Neuve*,
de la manière déjà stipulée par l'art. 13 du traité
d'*Utrecht*, à l'exception de ce qui regardait l'île du
Cap-Breton et les autres îles à l'embouchure et dans
le golfe de Saint-Laurent.

Par le traité du 25 août 1770 entre la France et
la régence de Tunis, le bey s'engagea à renouveler
le privilége de la pêche accordé à la Compagnie
royale d'Afrique, et en même temps contracta l'o-
bligation de payer tous les dommages causés à la
Compagnie par l'infraction aux précédents traités
et par les refus des bâtiments destinés à la pêche.

Dans le traité de paix du 17 mars 1782 entre la
Compagnie anglaise des Indes et les Marattes, on
se promit une amitié réciproque, en se réservant
mutuellement le droit de pêche.

Lors de la paix du 20 novembre 1782 entre l'Angleterre et les États-Unis d'Amérique, il fut convenu que les populations de ces États continueraient

à jouir paisiblement du droit de toute espèce de pêche sur le *Grand-Banc,* sur les autres bancs de *Terre-Neuve,* dans le golfe de Saint-Laurent , et dans tous les autres parages , où les habitants des deux pays respectifs avaient coutume de pêcher.

Durant la guerre de l'Angleterre contre les Américains , le gouvernement français avait ordonné de laisser tranquilles les bateaux pêcheurs des ennemis , se flattant d'obtenir des Anglais les mêmes égards d'humanité. Ceux-ci pourtant persistèrent à faire prisonniers les pêcheurs , afin de les obliger à servir comme matelots à bord de leurs bâtiments. La France a toujours reconnu la neutralité de la pêche, et, quoique l'ordonnance du 1ᵉʳ octobre 1692 prescrivît aux pêcheurs anglais de s'éloigner des côtes de France , elle concédait cependant aux contrevenants un sauf-conduit de six jours pour s'en retourner dans leur pays. Cette mesure fut prise pour se garder des espions anglais , qui , sous le prétexte de la pêche , venaient observer les côtes.

Du temps de la République , la France continua à favoriser la liberté de la pêche. Comme il subsistait encore des différends sur cet objet , le Conseil Exécutif, dans le mois de mars 1793 , autorisa la municipalité de Calais à traiter aux *Dunes* avec le commandant anglais d'une négociation qui rendît la pêche libre à trois lieues des côtes. Dans le mois de thermidor an III (1795), le Comité de salut public laissa aller sans échange les pêcheurs anglais qui se trouvaient au pouvoir de la République, ne les regardant pas comme prisonniers de guerre.

Par l'art. 15 du traité d'Amiens, du 27 mars 1802, les pêcheries sur les côtes de *Terre-Neuve*, des îles adjacentes et dans le golfe de Saint-Laurent, furent rétablies comme elles étaient avant la guerre.

Enfin, il faut consulter la convention stipulée à Paris, le 2 août 1839, entre la France et l'Angleterre, et d'après laquelle les droits de pêche ont été limités sur les côtes respectives des deux pays.

Lorsque les pêcheurs ne s'occupent que de leur métier, qui est très fatigant et d'un rapport précaire, on doit les considérer comme tout-à-fait étrangers aux opérations de la guerre, et il ne faut pas les traiter en ennemis. On leur doit tous les égards de l'humanité et de la bienfaisance, lors même qu'ils appartiennent à une nation ennemie et belligérante.

Il est extrêmement difficile de déterminer à quelle distance une nation peut étendre ses droits sur la mer qui l'environne. *Badin* pense que, selon le droit commun des peuples maritimes, la domination peut s'étendre jusqu'à trente lieues. Cette limitation précise devrait pour cela être validée par l'assentiment de toutes les nations ; chose qui n'est pas si facile à obtenir. Je suis d'avis qu'en matière de droits à établir par diverses nations, la souveraineté d'un État sur la mer ne devrait pas s'étendre au-delà du point où elle est nécessaire à sa sûreté. C'est ce que demande la justice ; car, bien que la mer ne puisse être la propriété de personne, parce qu'elle est commune à tout le monde , une nation peut cependant s'en approprier ce qui est indispensable à sa propre défense.

Les rois d'Angleterre, à raison de leurs forces navales , se sont attribué un droit de souveraineté sur les mers environnant leur royaume, jusqu'aux côtes opposées. *Selden* rapporte un acte solennel en vertu duquel il semblerait qu'au temps d'*Edouard Ier* cette suprématie aurait été reconnue par la majeure partie des peuples maritimes de l'Europe. La république des Provinces-Unies le reconnut à l'égard des honneurs du pavillon, ainsi qu'il résulte du traité de *Bréda*, en 1667. Toutefois, pour établir solidement un pareil droit , il faudrait le concours et le consentement de toutes les autres nations intéressées. La France ne s'est jamais prêtée aux prétentions de l'Angleterre ; cela est si vrai que, dans ce même traité de *Bréda*, Louis XIV ne voulut pas permettre que la *Manche* fût appelée *canal d'Angleterre* ou *mer Britannique*. La république de Venise s'était aussi attribué l'empire de la *mer Adriatique*, et tout le monde connaît la cérémonie qui se célébrait tous les ans à cette occasion. Aujourd'hui aucune nation ne serait disposée à reconnaître de semblables abus. Ces prétendus empires ont été respectés tant qu'une nation a été en position de les soutenir par la force; ils sont tombés dès que sa puissance a chancelé. Actuellement, tout l'espace de mer à portée de canon, le long des côtes, est regardé comme faisant partie du territoire; d'où s'est établi le principe qu'un bâtiment de nation *neutre*, pris sous la portée de canon, n'est pas de *bonne prise*.

Les rivages de la mer, au surplus, appartiennent incontestablement, comme nous l'avons dit plus haut, à la nation maîtresse du territoire dont ils font partie, et sont au nombre des choses publiques.

CHAPITRE II.

Du Naufrage.

Avant de passer aux détails des droits des ports, il est nécessaire de jeter un rapide coup d'œil sur le droit dit *de naufrage*, fruit malheureux de la barbarie des temps, et qui heureusement a disparu presque partout.

Ce droit abusif consistait à s'approprier ce qui appartenait aux naufragés. Le navire et tous les objets existant à bord étaient séquestrés au profit du souverain des côtes.

Les progrès de la civilisation ont non seulement fait abolir un si infâme droit par presque tous les gouvernements, mais donné aussi une plus grande impulsion aux lois de l'humanité. Presque partout il a été établi que les naufragés ne seraient pas privés de ce qui leur appartient, et qu'au contraire on leur donnerait des secours. Les habitants de la côte (à l'endroit du naufrage) peuvent être traduits en jugement, à l'effet de rendre compte des objets perdus.

Un édit du consulat de Nice, du 15 juillet 1750, veut que, en cas de naufrage, il soit porté de prompts secours, et que les marins, tant nationaux qu'étrangers, soient tenus d'accourir sur-le-champ, sous peine d'être punis même corporellement, et selon les circonstances. En outre, les gouvernements sont convenus d'un commun accord que dès qu'arrive un semblable malheur, le consulat doit envoyer immédiatement un de ses agents partout où cela est nécessaire; faire recueillir tout ce qu'il est possible de sauver, en en faisant un inventaire fidèle et en le plaçant dans un lieu sûr; et en même temps recevoir les dépositions du capitaine, du pilote et des marins touchant la cause et les circonstances du naufrage.

Louis XIV, dans l'ordonnance de la marine, déclara être sous la sauve-garde des lois les vaisseaux et tout ce qu'ils contiennent, équipages, chargement, hommes et biens. Cette disposition s'étendait non seulement aux sujets, aux amis et aux alliés, mais encore aux ennemis. Les corsaires même devaient en recueillir le bénéfice, s'il arrivait qu'ils fussent jetés par la tempête sur les côtes de France et sauvés du naufrage, en totalité ou en partie. De plus, il fut enjoint aux habitants des lieux voisins de la mer où survenait la perte d'un navire de prêter secours aux malheureux qu'on voyait en péril. Celui qui aurait osé attenter à leur vie ou à leurs biens était immédiatement puni de mort, sans espoir d'obtenir grâce.

Cette sage législation avait pour fondement les sentiments de la nature, mère bienfaisante de tous les hommes et de tous les peuples.

Par la même ordonnance, il est prescrit de faire un inventaire exact de tous les objets sauvés; de les déposer ensuite dans un magasin ou lieu de sûreté, et d'en tenir un compte fidèle, de manière que, si quelqu'un d'entre eux a été dérobé, et que le fait vienne à être constaté, les coupables soient poursuivis. Les personnes chargées de ces opérations, quand elles ne sont point salariées du gouvernement, ont droit à être récompensées en raison de leur temps et de leur travail.

Les procès-verbaux de visite des objets sauvés doivent être rédigés en présence du capitaine et du pilote du navire, et, à leur défaut, en présence des gens de l'équipage ou de quelque intéressé, et du garde-magasin.

Il est dit, en outre, que les navires et les débris déclarés, après une expertise exacte, hors de service, peuvent être vendus conjointement avec les objets sauvés. Cette vente s'exécute après le délai déterminé et l'accomplissement des formalités publiques. Avec le prix qu'on en retire, on paiera les dépenses effectuées pour le sauvetage, et le reste sera mis en réserve pour qui de droit.

Afin d'éviter toute fraude, il est défendu aux officiers de justice d'acheter les objets ci-dessus indiqués, soit directement, soit par entremise. Comme il leur serait très facile de pouvoir porter préjudice aux intéressés, leur fraude est réprimée par des peines rigoureuses. Enfin, les papiers qu'on retrouvera dans le chargement ou sur les personnes indiqueront à quelle nation appartient le navire, et aussitôt on avertira le consul de cette nation, et, à défaut, les négociants, afin qu'ils préviennent les parties intéressées.

Les lois distinguent divers cas de naufrages : celui où le navire est submergé sans qu'il en reste de vestige à la surface de l'eau ; celui où le navire jeté à la côte ou sur un écueil se brise et donne accès à l'eau, mais où, tout en étant rempli, il n'échappe pas absolument à la vue ; enfin, il en est un troisième, c'est celui de l'échouement volontaire sur le rivage. Il a lieu lorsqu'un capitaine se trouve, ou en danger d'être pris par un ennemi qui le poursuit, ou de faire naufrage par suite d'une tempête. Afin d'éviter ou la captivité ou une perte certaine, il se décide volontairement à s'échouer pour sauver au moins l'équipage et une partie de ce qui se trouve à bord. Le Carthaginois Hannon aima mieux jeter son navire à la côte de Bretagne que de le laisser prendre par la flotte romaine. Remarquons que, dans ce dernier cas, il est possible qu'au moyen des secours nécessaires le bâtiment échoué soit remis à flot. D'après les lois de plusieurs nations, les avaries et les dépenses sont à la charge de l'assureur. Telle est la pratique sanctionnée par les ordonnances maritimes de l'Espagne, de la Prusse, et par celles de Venise et de Hambourg, bien que ces deux dernières prescrivent un mode de transaction parmi les assurés. En France et en Angleterre, on inscrit sur la police, ou la clause, « *franc de toute avarie,* » ou cette autre, « *à tout risque.* » Par la première, les compagnies d'assurances n'ont point intérêt à faire les diligences convenables par le moyen de leurs agents, afin de sauver le plus possible; en conséquence, cette clause ne devrait se mettre dans aucune police, comme contraire à la nation et préjudiciable au commerce. Nous nous abstenons de parler de

la marche à suivre par les intéressés pour être in-
demnisés des dommages éprouvés par eux, quand
le navire a été assuré. On peut sur ce sujet consulter l'ouvrage d'*Azuni*.

CHAPITRE III.

Baies, Détroits et Ports.

Tout ce qui a été dit à l'égard des côtes de la mer doit se dire à plus forte raison des baies, détroits et ports, lesquels dépendent manifestement, ou plutôt font partie du pays qu'ils embrassent, et par conséquent sont une propriété nationale. J'ai dit à plus forte raison, parce qu'ils importent plus à la sûreté du pays. Qu'on remarque cependant que je parle des baies et des détroits de peu d'étendue, et non des grands espaces de mer auxquels on donne aussi quelquefois le même nom. Tels sont, pour en donner quelques exemples, la baie d'*Hudson*, le détroit de *Magellan*, sur lesquels, à raison de leur étendue, on ne peut exercer le droit de propriété.

A l'égard des détroits, il est à considérer que lorsqu'ils servent de communication entre deux mers dont la navigation est commune à toutes les nations ou à plusieurs, le passage ne peut en être interdit toutes les fois qu'il ne doit en résulter rien de nuisible et aucun dommage. La nation maîtresse du détroit, en en refusant le passage, priverait les autres d'un droit concédé par la nature. Sa propre sûreté seulement pourrait l'autoriser à user de précautions, et à mettre en pratique des formalités établies chez elle par l'usage. Il est juste aussi qu'elle lève un droit modique sur les bâtiments qui passent le détroit, et cela pour l'incommodité qu'on lui cause en l'obligeant à une garde, qui donne sécurité contre l'ennemi (en cas de guerre) ou contre les pirates, comme aussi pour couvrir les frais d'éclairage, d'entretien et autres. C'est par ces motifs que le Danemark exige un *péage* dans le détroit du *Sund*. Ce péage est basé sur le même principe et soumis aux mêmes règles que les péages établis sur les fleuves et sur la terre.

Le port est une enceinte remplie d'eau, commode et convenable pour embarquer et débarquer, située sur quelque côte, soit plage, soit lac, ou placée à l'embouchure de quelque fleuve capable également de contenir beaucoup de navires, et où ceux-ci soient à couvert de la tempête et des attaques des flottes ennemies. Les ports sont ou *naturels* ou *artificiels*.

Les ports *naturels* sont ceux que la main de la Providence a créés en quelques endroits, et qui sont propres à faciliter sur mer les communications et le commerce entre plusieurs nations. Ordinairement ils sont formés d'une anse ou enfoncement entre deux pointes de terre, ou dans quelque petit golfe, dont l'entrée et le passage sont de peu d'étendue et faciles à défendre, en même temps qu'ils sont à couvert des vents par leur situation, les terres qui les environnent étant élevées.

Les ports *artificiels* ressemblent aux ports naturels, et sont formés par des môles ou par des jetées qu'on établit dans le fond de la mer, et qui imitent en quelque sorte le travail de la nature. Ils servent aux nations pour se défendre des attaques extérieures. Les Romains connaissaient à fond l'art de construire ce genre de fortifications.

La navigation a rendu les ports excessivement nécessaires. Ils sont publics en vertu du droit des gens ; c'est pourquoi on ne peut en interdire l'entrée à aucun navire, pourvu qu'il soit d'une nation amie et que ses papiers soient en règle. Comme un port est la propriété de l'État où il est situé, un navire quelconque, en y entrant, se soumet tacitement à la juridiction locale et aux droits établis par le gouvernement, toutes les fois qu'il n'existe pas de convention particulière.

Les ports, considérés sous un autre aspect, sont le point où se réunissent et où se distribuent les trésors de la nature, de l'art et de l'industrie de plusieurs pays. Ils sont le dépôt de cette opulence que répand le commerce dans les cités et dans les provinces les plus reculées. Ils servent à une commune correspondance. C'est dans les ports que les capitaux des nations diverses s'échangent, se communiquent, se multiplient, et sortent de leur source sous une forme pour y rentrer sous une autre. Enfin, ils rendent tributaires toutes les parties du globe, et concentrent les richesses d'un grand nombre de peuples.

De ces idées, il résulte jusqu'à l'évidence que l'intérêt des gouvernants comme celui des gouvernés est de multiplier ces différents marchés et dépôts de marchandises de toute sorte. Il faut aussi qu'ils soient bien tenus, ainsi qu'on le verra ci-après. La multiplicité des ports excite la concurrence des négociants, vivifie le commerce, étouffe le monopole et les *accaparements*, souvent si nuisibles et si funestes aux propriétaires et aux négociants eux-mêmes.

Plus les ports sont nombreux, plus on facilite

l'accès et le refuge aux navires étrangers et nationaux qui viennent des parties les plus lointaines du
monde avec leurs cargaisons pour enrichir les pays,
et pour acquérir au moyen d'échanges ou à prix d'argent des matières premières et des objets fabriqués.
Dans les temps de guerre et dans les tempêtes il est
très utile, et on se trouve heureux d'avoir à portée
un refuge pour éviter un désastre prochain. La
multiplicité des ports est d'un immense avantage
et souvent un moyen de salut.

Qu'on n'objecte pas que l'entretien d'un grand
nombre de ports soit une charge pour l'État. Une
dépense est un lourd et insupportable fardeau
quand on n'en retire aucune utilité ; elle cesse de
l'être quand il en résulte un grand profit. Et lors
même qu'il faudrait un peu plus de soin et de sacrifices, devrait-on laisser pour cela dans la misère
un grand nombre de provinces, afin de favoriser
une ou deux villes privilégiées? Permettra-t-on que
les commerçants de ces seules villes s'enrichissent,
tandis que ceux de tout le royaume souffrent? Enfin
favorisera-t-on une poignée de monopoleurs au préjudice de provinces entières? La multiplicité et la
liberté des ports sont le plus solide fondement d'un
État. Tout ce qui limite, restreint et empêche les
mouvements de la navigation et du commerce met

obstacle à la grandeur et à la prospérité nationales. La loi de la nature exige que les ports soient des asiles et des lieux destinés à une hospitalité commune ; que les liens sociaux se multiplient par la liberté d'entrée et de sortie ; enfin que les règlements fiscaux soient sages, prévoyants, et surtout égaux pour tous. Les priviléges, outre qu'ils sont odieux, ont un effet restrictif, et par conséquent sont toujours nuisibles à celui qui a la faiblesse ou l'imprudence de les accorder.

Il faut remarquer que tous les ports ne sont pas soumis aux mêmes règles et ont des dénominations différentes. J'en indiquerai trois qui en comprennent la plus grande partie. Les bornes que je me suis imposées dans ce travail ne me permettent pas de parler en détail d'aucun d'eux en particulier.

On distingue, en général, trois classes de ports : 1° ports de chargement et de déchargement permis ; 2° ports libres ou francs ; 3° ports de guerre ou de la marine militaire.

§ Ier.

Ports de chargement et de déchargement permis.

On entend par *ports de chargement et de décharge-ment* tous ceux qu'on appelle en général *ports de mer*, c'est-à-dire où il est permis de mouiller sous la sauve-garde des lois, en payant les droits d'ancrage, de tonnage, les douanes, etc. Cette espèce de ports est bien aussi sujette à une autre classification. Dans quelques uns, un bâtiment peut faire passer tout ou partie de ses marchandises, de son bord sur un autre bâtiment qui se trouve dans le même port; cela s'exécute gratuitement, ou en payant à l'autorité locale un droit déterminé. Dans d'autres, cela n'est point permis. La loi locale prescrit qu'un navire entré dans le port doit débarquer ses marchandises en entier et payer les droits de douane. Cette énorme restriction qu'on fait au commerce est toujours nuisible au gouvernement dont elle émane. Un port qui est régi avec cette restriction n'est plus qu'un port de consommation locale : aucun chargement ne lui parviendra, à l'exception de ceux qui sont expressément envoyés pour satis faire aux besoins et au luxe du pays. Le négociant obligé au déchargement ne peut plus se flatter d'attendre le moment favorable pour faire des expéditions là où elles conviennent, lorsqu'il y a demande. En limitant le commerce à la consommation locale, comme on vient de le démontrer, les gouvernements se privent des droits qu'ils percevraient en permettant le transbordement des marchandises d'un bâtiment sur un autre, ou leur rembarquement des magasins de la douane où elles auraient été déjà admises. Indépendamment de tout cela, le gouvernement, par cette restriction, empêche le débit des produits nationaux, que le navire, étant vide dans le port, embarquerait pour l'étranger. Ajoutez encore les dépenses journalières que doit faire l'équipage d'un bâtiment, les commissions à payer aux négociants, les droits que le gouvernement percevrait, et beaucoup d'autres dépenses que je me dispense d'énumérer, parce qu'elles sont étrangères au sujet que je traite.

Qu'on réfléchisse pourtant qu'un gouvernement doit mettre le plus grand soin à ce que les impôts soient modérés. Toute augmentation des dépenses relatives au commerce, et toute rétribution, sont toujours nuisibles et décourageantes pour la production et la consommation. On rend les ports déserts, et on leur ôte toute participation aux grandes affaires commerciales.

§ II.

Ports francs.

On appelle *ports francs* ceux dans lesquels les négociants de toutes les nations peuvent charger et décharger leurs marchandises sans payer aucun droit d'entrée, de sortie ou de douane ; en un mot, ce sont des ports d'exemption et de franchise absolue. Ordinairement la franchise s'étend seulement au port ou à une portion de terrain dûment fixée et soumise à une active surveillance ; mais des circonstances locales ou un excès de préférence pour une ville ont fait que la concession a quelquefois été étendue à la cité entière, comme cela a lieu à Ancône, à Civita-Vecchia, à Livourne, à Trieste et à d'autres encore. Les avantages des *ports francs* sont immenses ; ils attirent les capitaux étrangers ; car l'idée de les employer avec profit et sans restriction invite les capitalistes à adopter les ports francs pour patrie. Chacun peut s'en convaincre en examinant l'origine des habitants de ces lieux, où l'on voit des maisons de commerce de toutes les nations. Les cinq sixièmes des capitaux employés dans le commerce de Livourne sont étrangers à la Toscane. Il en est de même à Trieste.

Les importations et les exportations augmentent tous les jours. Les nombreux bâtiments qui déchargent des marchandises dans les ports francs n'en sortent pas vides, et, à défaut de produits qui leur conviennent, ils chargent des produits nationaux, même de peu de valeur; sans le privilége de la franchise, il ne s'en expédierait pas. Cela imprime à la circulation dans les provinces voisines une activité qui est à l'avantage des vendeurs.

Les ports francs produisent une immense augmentation de travail, puisque beaucoup de gens trouvent à employer leurs bras dans la marine, dans les arts nécessaires à la construction et à l'arrimage des bâtiments. Les commissionnaires, les bateliers, les portefaix trouvent toujours à travailler.

La ville de Marseille, qui, au temps des Romains, était si grande et si opulente qu'elle faisait partie des villes alliées, et qui, après sa réu nion à la monarchie française, avait conservé le privilége de *port franc*, vit cependant s'introduire chez elle divers abus ; à diverses reprises, l'avarice fiscale la chargea de contributions, tant pour l'entrée que pour la sortie des marchandises, au point qu'elle déchut de son antique splendeur. En 1669, époque de prospérité pour le commerce et pour les manufactures de la France, Louis XIV, non seulement rendit à Marseille son *port franc*, mais il ajouta à ce bienfait des statuts qui portèrent un coup mortel à l'avidité fiscale. Tout le monde reconnaîtra les heureux effets d'une si sage disposition en jetant un regard sur la prospérité florissante de cette intéressante ville, devenue peut-être aujourd'hui la première de la Méditerranée.

§ III.

Ports de guerre.

Les ports de la marine militaire sont ceux qu'on affecte seulement aux nécessités de la guerre et à la construction des bâtiments de l'État ; ils sont tout-à-fait distincts des chantiers qui existent aussi dans beaucoup de ports de commerce. Dans les ports de la Méditerranée où il se fait un peu de commerce, la marine militaire est regardée comme un objet secondaire. Un port véritablement de guerre est celui de Toulon.

CHAPITRE IV.

Police des Ports, des Rades et des Côtes.

La police des ports est un objet de la plus haute importance. Toutes les nations civilisées ont pourvu, par des lois et par des règlements particuliers, à ce qu'ils fussent toujours conservés avec soin et vigilance dans leur état de propreté et de profondeur. Louis XIV, par sa célèbre ordonnance du 1er août 1681, prescrivit sous des peines rigoureuses que les ports, havres, baies et autres lieux dans lesquels les navires jettent l'ancre et se mettent à l'abri, fussent entretenus avec propreté dans toute leur profondeur, et surveillés par des gardes, de nuit comme de jour.

La police des ports exige qu'il y ait toujours, à bord des navires qui s'y trouvent, des marins prêts à aider les bâtiments qui entrent et qui sortent, en élongeant les câbles, en plaçant convenablement les ancres, et en exécutant toutes les opérations nécessaires sans qu'aucun en éprouve d'incommodité. Si les navires qui sont dans un port ont encore leur équipage, les capitaines sont obligés d'en laisser une portion à bord, afin de pouvoir manœuvrer en cas d'accident. Si toutefois l'équipage a été congédié, le capitaine alors doit laisser la garde du bord à un marin expérimenté, tant pour la conservation du navire lui-même que pour agir en cas de sinistre.

La réparation des dommages et le paiement des amendes sont à la charge des propriétaires des navires qui auraient négligé d'observer dans les ports les mesures de police établies. Les capitaines sont dans l'obligation de payer les dommages et les amendes toutes les fois que les équipages sont encore sous leurs ordres, puisque le manque d'une garde suffisante à bord est le fait de leur négligence. Pour ne point encourir ces peines pécuniaires, on doit aussi veiller à ce que les bâtiments soient bien attachés, c'est-à-dire amarrés, ou à ce que, s'ils sont sur leurs propres ancres, ils aient des *bouées*, ou d'autres marques sur l'eau pour faciliter et rendre commode le passage ou le mouillage des autres navires.

Ces règles ont leur source dans la justice universelle et dans l'équité. Nul ne doit nuire à un autre ou par surprise ou par négligence. Toute action quelconque d'un homme qui fait tort à un autre oblige celui par la faute de qui le mal est venu à **le** réparer.

Dans les ports, on doit avoir soin que les navires ne renferment point de poudre de guerre. S'ils en ont, on doit, dès qu'on arrive dans un port, la transporter immédiatement à terre, et l'on ne peut la reporter sur le navire que lorsque celui-**ci** est sorti du port. Il est du devoir des autorités locales de veiller scrupuleusement à l'exécution de cette mesure sage et nécessaire.

Lorsqu'il s'agit de réparer des bâtiments, et, pour cet objet, de faire du feu, on doit avoir également soin de les tenir à une distance suffisante des autres navires aussi bien que des quais, afin d'éviter jusqu'au plus petit accident. En beaucoup d'endroits, de semblables opérations ne se permettent qu'en présence d'un gardien du port. On doit interdire la faculté de fumer et d'allumer des feux, ou exiger au moins qu'on n'use de cette faculté qu'avec la plus grande précaution.

Pour maintenir encore mieux la police des ports, on ne doit point permettre de laisser des marchandises, des canons, des câbles et autres agrès sur les quais ou terre-pleins le long du port. Dans ces endroits, où doivent s'effectuer avec facilité le déchargement et le chargement des navires, il ne faut jamais le moindre encombrement.

L'objet de la police, c'est-à-dire de la bonne administration des ports, consiste à empêcher tout ce qui s'oppose au paisible et libre usage des localités, et à en établir le mieux possible la sûreté, la propreté et la salubrité. Les peines pour les vols qui se commettent dans les ports au préjudice des marchandises et des navires doivent être rigoureuses. D'après ces principes, l'ordonnance de Louis XIV porta que celui qui aurait volé des cordages, ferrements, ustensiles et autres agrès appartenant aux navires qui se trouveraient dans les ports, serait non seulement contraint à réparer le dommage occasionné, mais flétri avec un fer rouge d'une marque sur les épaules en forme d'ancre, et banni à perpétuité du lieu où serait commis le délit. On infligeait la peine du dernier supplice, si le vol avait causé la perte du navire ou la mort de quelque individu. Et afin que les voleurs ne trouvassent pas facilement à échanger les effets volés, la même ordonnance défendait à tout marin ou batelier d'en faire l'acquisition sous des peines afflictives, indépendamment de la perte des objets achetés.

Les phares, qui servent à guider les bâtiments

de guerre et de commerce, doivent être établis, non seulement dans les ports et dans les rades, mais aussi le long des côtes, ou au moins dans les passes étroites et dans les parages dangereux. Une administration qui a le commerce à cœur doit s'en occuper beaucoup, car ils préservent les navigateurs de mille malheurs. Ils donnent les moyens de diriger les bâtiments dans les nuits obscures et orageuses, et contribuent à la sûreté des ports. Il n'y a rien qui annonce au navigateur qu'un peuple est civilisé et que ses relations sont nombreuses, comme de trouver les côtes, les rades et les ports bien garnis de feux, et tenus de manière à ce que les bâtiments puissent charger et décharger commodément. Un gouvernement doit apporter la plus grande attention à cet objet, et alors il est bien juste qu'il exige des droits de tonnage. Il faut cependant qu'ils soient imposés avec beaucoup de modération, si on désire étendre le commerce. On ne doit jamais oublier que le poids des impôts l'anéantit; d'où il suit qu'il ne faut prélever que de faibles droits, et faciliter ainsi la vente des marchandises.

Avant de terminer ces considérations sur la police des ports, il est nécessaire de faire observer que dans les détroits et à l'entrée des ports dont le passage est difficile, il doit y avoir un service de pilotage. Les hommes qui en sont chargés, ayant la connaissance des lieux, aident et facilitent l'entrée et la sortie des navires. Leurs fonctions consistent à conduire, faire passer et remorquer les bâtiments dans les ports de mer et les fleuves navigables, en les préservant des endroits dangereux. Là où il manque de ces pilotes, les capitaines de bâtiments doivent recourir à des pécheurs.

Il appartient aux capitaines d'informer les pilotes de la quantité d'eau que tire leur navire : une indication inexacte peut exposer le bâtiment à d'inévitables avaries : aussi un bon gouvernement doit-il à cet égard pourvoir à ce que, dans de semblables lieux, il existe un nombre convenable de pilotes patentés et cautionnés, pourvus de bateaux bien construits, et toujours prêts à aller, quelque temps qu'il fasse, au-devant des bâtiments.

Si l'entrée du port est difficile, ou, de nuit, si le capitaine ne la connaît pas bien, il faut alors jeter l'ancre en rade. On appelle le plus communément *baie* ou *rade* un espace de mer qui, étant à quelque distance de la côte, se trouve à couvert de certains vents, et où l'on peut mouiller, parce que le fond en est bon et dégagé d'écueils. Les grands bâtiments, le plus souvent, se tiennent à l'ancre dans la rade, et ils le font nécessairement quand les ports n'ont pas suffisamment de profondeur. C'est pourquoi on doit avoir pour les rades la même sollicitude que pour les ports, afin qu'on puisse en faire un bon et libre usage. En effet, elles ne sont que des espaces de mer hors du port, qui même parfois pénètrent dans les terres, et où les navires peuvent mouiller, s'installer, se pourvoir des choses nécessaires, prendre leur cargaison, et, lorsque viennent ensuite les vents favorables, mettre à la voile. Il est toujours très bon qu'un port ait une rade pour y recevoir les bâtiments qui arrivent.

Il y a deux espèces de rades : les unes dites *fermées*, lesquelles sont à l'abri de tous les vents qui soufflent de la mer ; et les autres dites *ouvertes*, qui sur la côte ne sont garanties que des vents de terre.

Ainsi que je l'ai dit, on doit veiller à la police des côtes maritimes avec autant de soin qu'à celle des ports. Une petite offense sur les côtes d'autrui peut être cause d'une guerre. Les désordres sur les côtes méritent toute l'attention du gouvernement, puisqu'une insulte, un abus peut produire des violations préjudiciables aux droits politiques des empires. Les temps anciens et modernes fournissent en grand nombre des exemples de cette vérité. Je n'en rapporterai qu'un seul pour être court sur ce sujet.

Un bâtiment, portant pavillon algérien, était à l'ancre à *Aigues-Mortes;* le peuple, par suite d'une rixe, voulut l'attaquer. Heureusement, il était sans armes; des pierres furent lancées et blessèrent deux Barbaresques. L'Assemblée nationale, instruite du délit commis sur les côtes de la Méditerranée sujettes à sa domination, prit des mesures énergiques pour punir les auteurs, fauteurs et complices de ces excès coupables, excès contraires au droit des gens et à la foi des traités. La réparation due à la régence d'Alger fut prompte.

Afin de faire respecter les règlements, d'empêcher et de réprimer toute violation, les gouvernements prévoyants autorisent les commandants de terre et de mer à employer à propos la force armée pour arrêter tout excès. Les délinquants sont ensuite envoyés aux tribunaux compétents pour être jugés et punis selon les lois. Conséquemment, aucun navire, en rade ou sur la côte, ne peut être insulté ni privé de ce qui lui appartient : il peut être visité par les personnes qui en sont chargées et conformément aux règlements maritimes.

D'un autre côté, tout navire étranger ou national qui veut jeter l'ancre, ou passer près des côtes, doit déployer le pavillon de sa nation pour être reconnu. C'est un usage ancien et juste que nul ne puisse s'introduire dans un pays, si d'abord il ne se fait reconnaître, et s'il ne se soumet à certaines formalités et prescriptions. Les rades et les côtes suppléent en quelque sorte les ports, et les dispositions qui concernent ceux-ci s'appliquent pareillement à elles.

CHAPITRE V.

Du Pavillon.

Le pavillon que doit nécessairement porter tout navire, quel qu'il soit, sert à indiquer la nation à laquelle il appartient. Par lui on distingue si le bâtiment est de guerre ou de commerce, et on connait la qualité de la personne qui le commande.

Afin d'éviter les erreurs qui pourraient être commises en temps de guerre, on a généralement établi qu'un capitaine ne pourrait faire usage d'un autre pavillon que de celui qu'il a été autorisé à arborer par *lettres-patentes* dûment expédiées. Par ce moyen, on est protégé en cas de sinistre, et particuliérement en temps de guerre. Pour obtenir le privilége du pavillon, il est admis presque partout que les deux tiers de l'équipage doivent être de la nation qui délivre les patentes, et qu'on doit scrupuleusement observer les prescriptions contenues dans les divers règlements sur la marine. L'usage du pavillon est très ancien ; on en fait mention dans l'histoire des peuples les plus reculés.

On se sert aussi des pavillons pour les signaux maritimes et pour annoncer qu'un navire est prêt à partir. Un usage très important du pavillon est de se rendre le salut en rencontrant les vaisseaux de guerre. C'est plutôt aujourd'hui un égard, un salut de convention, qui a acquis force de loi par une longue habitude.

On connaît généralement l'étrange prétention du roi anglais *Jean-sans-Terre*. Il ordonna, en l'année 1200, que tous ceux qui, rencontrant ses vaisseaux, auraient négligé de rendre le salut, fussent traités comme ennemis. On donne diverses interprétations à cet ordre. Entendait-il parler des bâtiments anglais seulement, ou de toutes les autres nations qui navigueraient dans les mers britanniques, sur lesquelles il croyait avoir un empire absolu ?

Il paraît que Philippe II, roi d'Espagne, en 1565, attachait aussi une grande importance à ce salut. Dans le traité de 1645, les rois de Suède et de Danemark s'en occupèrent. Les chevaliers de l'Ordre de Malte firent tant de cas de ce cérémonial, qu'ils l'établirent comme un précepte de droit maritime dans leurs ordonnances solennelles.

Ainsi, d'après la loi de l'égalité (laquelle doit existcr entre les nations par rapport à leurs droits), des bâtiments se trouvant en pleine mer, celui de rang inférieur doit le premier rendre le salut à celui d'un rang plus fort, et s'il se trouve de chaque côté plusieurs vaisseaux de guerre, le salut se rend selon le grade des commandants respectifs.

Les saluts que font ordinairement les navires de guerre aux places, ports ou forts, consistent dans un nombre déterminé de coups de canon, tirés sans boulet.

La faveur et la protection que l'on accorde à juste titre aux pavillons sont si étendues, et le respect qu'on a pour eux est si sacré, qu'il semble que ce soit le point le plus intéressant du droit public maritime. Cette théorie a été l'objet de longues controverses et de contestations pour les publicistes et les gouvernements. Au milieu d'une si grande fluctuation d'opinions, il est utile d'asseoir un jugement, en classant et en distinguant les idées de neutralité et de contrebande de guerre, en résolvant enfin les questions suivantes :

Le pavillon couvre-t-il ou non la cargaison ? Pour mieux dire, le pavillon neutre couvre-t-il la marchandise ennemie ? Les bâtiments de guerre des puissances belligérantes peuvent-ils défendre aux bâtiments des nations neutres le libre commerce des marchandises appartenant aux habitants des pays ennemis ? En d'autres termes , suffit-il que la marchandise des pays ennemis soit sur un bâtiment neutre pour être respectée par la nation belligérante? La force de la neutralité suffit-elle pour rendre neutre la marchandise couverte par le pavillon ?

§ Ier.

De la Neutralité.

On entend par neutralité la continuation de l'état pacifique d'une puissance par elle-même , et une parfaite impartialité envers les autres puissances qui seraient en guerre. Ainsi , on appelle neutre la nation qui, ne s'immisçant en rien dans les affaires de guerre, conserve dans ses actions le caractère de l'impartialité, et observe pour toutes les puissances belligérantes les mêmes égards. Les sentiments de pure bienveillance, l'homogénéité des principes , les liens les plus intimes, les vœux particuliers, qui, à raison des inclinations ou des intérêts, peuvent militer en faveur d'un État plus que d'un autre , ne doivent prévaloir en rien. Il s'ensuit que la neutralité la plus rigoureuse n'empéche pas de continuer le commerce avec les puissances belligérantes. Quand on aurait avec l'une d'elles un commerce plus fréquent et plus étendu, quand on mettrait sa confiance dans une nation plutôt que dans une autre, les relations dont il est parlé n'en doivent pas moins rester intactes, toutes les fois pourtant qu'elles ne tendent pas à renforcer la nation qui intéresse le plus, et à lui fournir des moyens particuliers et directs de nuire à l'ennemi.

Les discussions que les écrivains en matière de droit public maritime ont engagées à l'égard du commerce des neutres ont été longues et obstinées. Ce serait un travail immense et inutile que de faire ressortir la divergence de leurs opinions. Il suffit de résumer les maximes reçues par les meilleures écoles, et qui peuvent passer pour des axiomes en fait de droit public maritime. Les voici :

1° Les neutres peuvent continuer librement leur commerce avec les puissances belligérantes par terre et par mer, sans que les nations qui se trouvent en hostilité doivent s'en plaindre.

2° Cette liberté peut être restreinte dans le cas seulement où les neutres transporteraient des armes d'une nature quelconque. Celles-ci accroîtraient les forces ennemies, et un tel trafic serait appelé *contrebande de guerre*, puisqu'il nuit à l'autre adversaire et l'irrite.

3° On interdit la liberté du commerce des neutres avec les villes, les forteresses, les armées et les camps, mais seulement en cas de blocus, et quand ce blocus peut les réduire par la famine ; ce blocus d'ailleurs doit être dénoncé.

Après ce court exposé des principes généraux du commerce des neutres selon les écrivains les plus sensés, entrons plus avant dans notre sujet.

Pour rester dans l'état de neutralité, il n'est pas besoin de traité avec les États belligérants. Une nation qui réellement ne favorise pas un parti plus qu'un autre, qui ne s'ingère pas dans la guerre, qui n'y prête pas main forte, est vraiment neutre, lors même qu'elle ne l'aurait pas formellement déclaré. Du reste, beaucoup de gouvernements, en pareil cas, l'ont reconnu par des déclarations publiques ou des édits.

Les grands-ducs de Toscane de la maison de Médicis avaient pour usage, lorsqu'une guerre venait à éclater, de convoquer les consuls des nations en querelle, qui étaient munis des pouvoirs de leurs gouvernements respectifs, et de s'entendre

sur les conditions auxquelles les ports de la Toscane resteraient neutres.

François de Lorraine ayant succédé à la maison
de Médicis, observa le même usage, et, dans la
première guerre, qui éclata en 1739, il publia son
manifeste dans le mois de décembre. En 1757 cependant, époque où il monta sur le trône impérial,
il ne réunit pas les consuls; mais, le 15 du mois de
février de la même année, il publia spontanément
un manifeste de neutralité.

Le grand-duc Pierre-Léopold, qui avait à cœur
le commerce et le bonheur des Toscans, publia,
lorsque la guerre vint à éclater, un manifeste qui
leur défendit d'y participer, soit par des moyens
directs et immédiats, soit de toute autre manière;
et il ordonna que les ports restassent, à l'égard
des belligérants, dans l'état où ils étaient avant les
hostilités. Comme antérieurement Livourne avait
vendu et procuré des armes, des vaisseaux, des
hommes et tout ce qui était réputé *contrebande
de guerre*, il donna ouvertement l'autorisation d'en
continuer le commerce, se bornant simplement à
en défendre le transport, et il se référa pour le surplus aux précédents règlements.

Les manifestes émanés des gouvernements de

Venise, de Naples et de Rome s'appuyèrent sur les mêmes bases.

Les puissances belligérantes, en ne respectant pas les pavillons neutres, méconnaissent non seulement les devoirs imposés par le droit des gens, mais agissent directement contre leurs propres intérêts. Si on les engage dans la guerre, le commerce extérieur doit certainement en souffrir ; les citoyens ne sont pas assez imprudents pour aller aventurer une partie de leur fortune ; les assurances deviennent d'un prix excessif. Par suite des observations qui précèdent, il est évident que les neutres sont ceux qui, sous la garantie de leur pavillon, peuvent exercer un commerce utile à eux-mêmes et aux nations qui sont en guerre. Mais comment cela se pourrait-il, si, en dépit de tout, le sordide et injuste principe, que le pavillon des neutres ne couvre pas la marchandise, venait à prévaloir? Violer les égards dus à un pavillon neutre est l'acte le plus injuste qu'on puisse commettre : c'est un acte d'inhumanité le plus indigne d'un gouvernement quelconque, puisqu'on opprime par là ceux qui ne songent pas à offenser.

Et qu'on ne pense pas que cette violation des droits sociaux puisse être réparée en relâchant le bâtiment capturé après jugement sur la validité ou l'invalidité de la prise. Qui indemnisera le citoyen ou l'État neutre du tort résultant de la capture de ses navires, de l'interruption du commerce et de la navigation? L'industrie reste abattue et découragée , les navires et les fortunes particulières sont conduits en pays étranger pour y être soumis à un long et dispendieux jugement, comme s'il s'agissait de coupables à châtier. Outre cela, l'exemple du malheur d'autrui répand une méfiance générale dans les autres États , pendant qu'en offensant la liberté du commerce on élève toujours davantage le prix des assurances. Par conséquent, lorsqu'il est constant que le chargement n'est pas de nature à léser les droits des nations en guerre, le navire couvert du pavillon neutre ne doit pas être inquiété. Loin de nous l'idée que la guerre soit une piraterie organisée pour dépouiller impunément, à l'égal de l'ennemi, les neutres et les alliés. Les lois éternelles de la justice défendent hautement d'étendre les maux de la guerre au-delà de ceux qui en sont les auteurs ou qui la favorisent. La saisie est un juste châtiment pour ceux-là seulement qui méconnaissent les principes de la neutralité; les peines ne doivent être infligées qu'aux seuls coupables.

Aucun peuple, quelque fort et indépendant qu'il soit, ne peut s'écarter du droit de la nature et se dispenser de faire ce qui est universellement juste. Ce droit universel est précisément l'esprit créateur du Code des nations. La morale est la loi des peuples; elle leur indique ce qu'ils doivent faire ou ne pas faire à l'égard les uns des autres. Toute infraction à cette loi est un acte injuste que l'on commet au détriment de son semblable. La puissance plus ou moins grande d'une nation n'ôte pas le caractère de l'injustice à un acte immoral. Tous les peuples doivent être justes, quelle que soit la forme de leur gouvernement. Il résulte de ce qui vient d'être exposé que le pavillon neutre couvre aussi les marchandises appartenant aux ennemis, à l'exception des articles de contrebande, dont nous parlerons ci-après.

Avant de terminer ce chapitre, nous ferons connaître quelques traités entre diverses nations, traités qui font partie du droit public maritime, et qui tous, après avoir été rendus publics par des actes diplomatiques, ont établi que le pavillon des neutres couvre la marchandise.

Il est nécessaire cependant de faire précéder cette citation de quelques réflexions utiles.

Si, de nos jours, un principe contraire a prévalu, il faut convenir que ç'a été l'effet de l'abus de la force et de la subtilité fiscale. En somme, c'est là un fait émané de l'arbitraire et en contradiction ouverte avec le droit des gens. De semblables excès de pouvoir doivent être entièrement réprimés dans l'état actuel de la civilisation.

Les Européens ont eu de tout temps l'ambition de passer pour les peuples les plus avancés de la terre dans toutes les questions qui intéressent l'humanité; et pourtant il est mortifiant pour eux de voir que, en matière de droit maritime, des nations qu'ils appellent barbares observent bien plus fidèlement les lois de la nature, de l'humanité et du droit des gens. Les Musulmans, les Turcs et les État barbaresques accomplissaient avec plus de bonne foi et de justice les lois maritimes, quoique beaucoup d'entre eux méritassent le nom de pirates, puisqu'ils mettaient à feu et à sang les bâtiments des autres nations et en enchaînaient les équipages; mais, du reste, ils ne les inquiétaient pas lorsqu'ils étaient couverts d'un pavillon ami ou neutre. Ils sont rigoureux observateurs de ce principe incontestable, que le pavillon couvre la marchandise.

De tout ce qui vient d'être exposé jusqu'ici, on ne doit pas conclure que le droit primitif des gens, en vertu duquel les puissances belligérantes ont la faculté de visiter les bâtiments qui naviguent avec pavillon neutre, demeure abrogé. Cette faculté n'est que trop nécessaire pour vérifier si le bâtiment est bien de la nation dont il porte le pavillon, et si dans son chargement il ne se trouve rien de contraire aux usages qui s'observent parmi toutes les nations. Le plus souvent les gouvernements, afin d'éviter les abus qui peuvent avoir lieu dans l'exercice du droit de visite et les vexations qui s'y commettent fréquemment, ont fait escorter les navires de commerce par leurs propres bâtiments de guerre. Cela a donné naissance à de nouvelles contestations, à savoir : si, sans l'escorte des bâtiments de guerre, les navires du commerce peuvent se soustraire à la visite des bâtiments de guerre des nations belligérantes, et si, malgré l'escorte des bâtiments de guerre, des puissances belligérantes ont le droit de s'assurer par elles-mêmes de la natnre des chargements des navires de commerce.

C'est un principe de droit public qu'un gouvernement ne peut se rendre garant des opérations de ses administrés. Ceux-ci, pour se procurer un faible gain, se déterminent facilement à exercer un commerce illicite; d'un autre côté, les parties belligérantes ne peuvent ajouter foi entière aux certificats et aux factures qui accompagnent les marchandises, puisque l'expérience, en beaucoup d'occasions, a démontré que rien n'est si facile que de se procurer de faux certificats. Souvent les puissances neutres ont pratiqué de semblables fraudes. En conséquence, il est permis aux bâtiments de guerre belligérants de visiter seulement les navires du commerce.

Néanmoins, aucune puissance maritime indépendante de l'Europe n'a jamais accordé ou reconnu le droit de faire visiter les navires du commerce escortés par des bâtiments de guerre. Il est évident qu'en le tolérant ou en le permettant, on souillerait l'honneur de son propre pavillon et on renoncerait à une partie essentielle de ses droits : ce serait comme si on supposait que les officiers pussent se permettre des fraudes aux dépens d'une exacte neutralité. Il faut donc reconnaître que, lorsque les navires de commerce d'une nation neutre sont escortés par des bâtiments de guerre de cette même nation, ils ne doivent pas être visités par ceux des États belligérants. S'arroger un semblable droit, comme cela est arrivé dans les dernières guerres, c'est abuser de la force, et la force ne fait pas droit. Plus tard, quand nous parlerons de ce qui arriva en 1793 et dans les années suivantes, on verra comment l'Angleterre a voulu

s'arroger ce droit, et les contestations qui en ont
été la suite.

Cela posé, nous allons exposer les traités qui
ont reconnu le droit du pavillon des neutres.

§ II.

Traités de Neutralité armée et leur histoire.

Le sultan Achmet Ier, quoiqu'il gouvernât un
peuple qui était resté étranger aux progrès des
sciences (mais qui respectait les principes du droit
naturel), conclut avec la France, en 1604, un traité
plein d'humanité et de sagesse. On y trouve ces
mots : « Nous voulons et ordonnons que les mar-
» chandises qui sont chargées par nolis sur des
» navires français et qui appartiennent aux enne-
» mis de la Porte, ne puissent être prises, quel que
» soit celui de nos ennemis à qui elles appar-
» tiennent. »

La France stipula une semblable convention
pour quatre ans dans son traité de commerce du
18 avril 1646 avec les provinces des Pays-Bas,
traité qui fut confirmé et annulé dans les diverses

négociations survenues dans les années suivantes. Enfin, dans le traité d'Utrecht du 12 avril 1713, la liberté du pavillon neutre, en temps de guerre, fut confirmée pour vingt-cinq ans, et expressément reconnue par l'article 17, où il est dit : « Sera libre et » franc tout ce qu'on trouvera sur les bâtiments des » deux nations, sauf pourtant les marchandises de » *contrebande.* »

La république des Provinces-Unies, dans le traité maritime qu'elle conclut avec Philippe IV d'Espagne, le 17 décembre 1650, établit également, article 14, « la liberté et la franchise pour » tout ce qui se trouve à bord des bâtiments ap- » partenant aux habitants de la république, lors » même que tout ou partie de leur chargement ap- » partiendrait aux ennemis de S. M. catholique, » les objets de *contrebande* de guerre exceptés. »

La Grande-Bretagne reconnut le principe de la liberté du pavillon des neutres par ses traités de 1642 et 1654 avec le Portugal. Cromwell le ratifia dans le traité de 1655 avec la France. Cette liberté fut de nouveau proclamée dans le traité de commerce entre cette nation et la Grande-Bretagne, le 24 février 1677; elle fut sanctionnée dans le traité de commerce du 23 mai 1667 avec l'Espagne et dans celui du 18 juillet 1670; elle fut aussi établie et reconnue avec les Provinces-Unies dans les traités du 21 juillet 1667 et du 1er décembre 1674.

Ainsi, tous les traités énoncés ci-dessus établissent rigoureusement le principe que la marchandise de l'ennemi sur des bâtiments neutres est sacrée, et, par conséquent, que le pavillon neutre couvre la marchandise. Une autre conséquence encore découle de ce principe, c'est que les marchandises des neutres trouvées sur des bâtiments ennemis sont de bonne prise.

Ces principes toutefois sont en opposition avec les théories établies par le *Consulat de la mer*, qui admet que le pavillon ne couvre pas la marchandise ennemie, ou, pour mieux dire, ne la neutralise pas, et que la marchandise neutre chargée sur bâtiments ennemis est libre, lors même que le navire sur lequel elle aurait été chargée deviendrait de bonne prise.

Il est à considérer que le *Consulat de la mer* n'est pas un code maritime, mais une compilation faite par un particulier dont le nom est inconnu. Il se proposa de réunir les dispositions qui avaient eu force de loi dans la Méditerranée au xe siècle; et comme ce recueil renferme un grand nombre d'articles fort sages, eu égard surtout à l'état où se trouvait alors le commerce, il fut adopté dans beaucoup de pays et considéré comme loi. Les dispositions suivantes, extraites du chapitre 23, sont devenues célèbres et ne doivent pas être passées sous silence.

1° Si un navire que l'on capture se trouve appartenir à une nation amie, mais si le chargement appartient à des ennemis, dans ce cas le navire de guerre peut forcer le navire marchand à transporter son chargement dans un lieu de sûreté, à la condition de payer à son capitaine le nolis et tous les frais qui lui auraient été dus s'il eût porté les marchandises à leur destination.

2° Si le capitaine du navire capturé se refuse ou ne veut pas se soumettre à être conduit par le bâtiment armé dans un lieu de sûreté, dans ce cas on a droit de couler bas le bâtiment marchand, en en sauvant l'équipage.

3° Si le bâtiment capturé appartient à l'ennemi et le chargement à une nation amie, on cherchera alors les moyens d'entrer en accommodement avec celui qui a fait la capture, ou autrement les propriétaires des marchandises auront le droit de conduire le navire dans le lieu d'où il est sorti, en payant la dépense comme si le navire fût arrivé à la destination pour laquelle il avait été nolisé.

Ces dispositions, bien qu'elles fussent sujettes à

beaucoup d'inconvénients , pouvaient s'exécuter facilement à cette époque. Le commerce d'alors était tout-à-fait différent de celui d'aujourd'hui. Ce qui s'appelle maintenant *commission* était inconnu. Aujourd'hui la commission absorbe une grande partie du commerce. Alors, le propriétaire lui-même voyageait ordinairement avec sa marchandise, allant de port en port pour chercher un marché convenable, où il pût vendre au prix le plus cher ; en conséquence, il était très facile de décider dans les cas particuliers si le chargement appartenait à des amis ou à des ennemis. Aujourd'hui les choses sont entièrement différentes : les marchandises ne sont plus expédiées au hasard, mais elles sont ordinairement recommandées ou envoyées en commission moyennant l'avance d'une portion de leur prix ; d'où il suit qu'il est difficile de savoir à qui elles appartiennent. Il est impossible aujourd'hui de suivre les principes établis par le *Consulat de la mer* sans léser les intérêts des neutres.

Dans l'état actuel du commerce et de la civilisation, on ne peut plus admettre les principes du *Consulat de la mer*, qui établissent que les marchandises neutres, chargées par les ennemis, sont libres, et que le pavillon ne neutralise pas la marchandise ennemie, puisque les intérêts des neu-

tres sont toujours lésés. Au contraire, le principe
que le pavillon couvre la marchandise, principe
reconnu par des traités chez presque toutes les nations, comme nous l'avons énoncé ci-dessus, doit
toujours prévaloir.

Louis XIV, par orgueil, ne voulut point reconnaître ce principe. Fort de sa marine qui montait à
100 vaisseaux et à 700 bâtiments de rang inférieur,
fort de 100,000 marins, il se crut maître absolu de
la mer. Ce monarque, au mépris de tous les traités, publia l'ordonnance de 1681, dont l'article 7
porte ce qui suit : « Tous les navires qui se trou-
» veront chargés d'objets appartenant à nos enne-
» mis, et les marchandises de nos sujets et alliés
» qui se trouveront sur les bâtiments de nos en-
» nemis, seront de bonne prise. » En d'autres termes : le pavillon neutre ne couvre pas la marchandises, en même temps que le pavillon ennemi rend
aussi ennemie la marchandise des neutres.

Le gouvernement français alla plus loin. Dans la
guerre de la succession, il mit en avant un autre
principe encore plus étrange.

Il admit que la marchandise ne provenait plus
de son propriétaire, mais du sol, de l'industrie du
pays qui l'avait produite ; de façon que la marchandise, dans le moment qu'elle appartenait à un

individu d'une nation amie, devenait de bonne prise parce qu'elle se trouvait être une production d'un pays ennemi. Souvent il arriva de capturer des bâtiments neutres, par la raison qu'ils avaient chargé en pays ennemis des marchandises qui appartenaient à des négociants de pays neutres.

La Grande-Bretagne opposa enfin un rempart à de tels excès. Le 11 avril 1713, le traité d'Utrecht concernant le commerce et la navigation fut signé. Par ce traité il fut établi qu'on permettrait à tous les sujets de la reine de la Grande-Bretagne et à ceux de S. M. T. C. de naviguer en toute liberté et avec sûreté, sans distinction aucune relativement aux propriétaires des marchandises dont les navires seraient chargés, lors même que ces marchandises appartiendraient aux ennemis des deux nations dénommées. Il fut également permis de naviguer des lieux, ports ou stations appartenant aux ennemis des deux parties ou de l'une d'elles, et cela, sans aucune opposition ou empêchement; d'exercer le commerce indistinctement aussi bien d'un lieu neutre à un lieu ennemi, que d'un lieu ennemi à un autre lieu ennemi, soit qu'ils fussent sous la juridiction d'un même gouvernement, soit qu'ils fussent sous celle de plusieurs. D'après les principes indiqués, on s'engageait à regarder

comme libre tout ce qui serait trouvé sur les na
vires appartenant aux sujets des deux nations,
quoique tout le chargement appartînt aux ennemis de l'une ou de l'autre. Toutefois, il y avait exception pour les marchandises de contrebande
seulement. On convint aussi d'étendre la même
liberté aux personnes qui seraient embarquées
sur les bâtiments libres, de manière que bien
qu'elles fussent ennemies des deux parties, ou
de l'une d'elles, elles n'étaient pas pour cela ti-
rées du bâtiment libre. Cette disposition pourtant
n'était mise entièrement en vigueur qu'autant qu'il
ne s'agissait point de militaires actuellement au
service des ennemis; dans ce cas ils étaient arrêtés
comme prisonniers de guerre.

Le même jour, fut signé un semblable traité de
commerce et de navigation entre la France et les
Provinces-Unies. L'article 17 consacra les mêmes
principes que le traité d'Utrecht en ce qui touche
la liberté de la navigation et du commerce.

Ces règles générales posées, règles d'ailleurs
conformes au droit naturel, il est facile d'éviter
toute anomalie en se servant des neutres, qui ne
sont sujets à aucun litige, à aucune de ces justifi-
cations ou réclamations qui portent toujours obstacles au commerce.

Nonobstant, la France qui, par le traité d'Utrecht, n'avait adopté ces principes que malgré elle, crut dans la suite sa dignité compromise en les observant, et ne voulut plus s'y soumettre.

D'un autre côté, l'Angleterre qui, après le traité dont il s'agit, commença à devenir la dominatrice des mers, pensa également qu'il n'était pas de son intérêt de donner trop d'extension aux principes de la liberté du commerce; et non seulement, dans la suite, elle ne contracta plus avec d'autres nations sur ces bases, mais elle s'attacha opiniâtrement à faire regarder les principes en question comme non conformes au droit commun, et le traité d'Utrecht comme une exception à la régle. Elle se borna strictement à l'accomplissement du traité avec les seules nations avec qui il avait été stipulé et pour le temps convenu. Le Portugal seul fut excepté, attendu qu'il n'avait jamais été en guerre avec l'Angleterre, et que le traité de 1634 n'avait jamais cessé d'être en vigueur.

La France dans le traité de commerce qu'elle conclut, en 1716, avec les villes Anséatiques, établit, art. 22, qu'après un laps de trois ans, on suiverait un principe opposé aux conventions d'Utrecht, c'est-à-dire que les marchandises des ennemis du Roi, trouvées sur les navires des villes Anséatiques, seraient confisquées.

Pendant les soixante-six années qui s'écoulèrent depuis le traité d'Utrecht jusqu'à la déclaration dite *Neutralité-Armée*, on ne trouve qu'un seul exemple de la reconnaissance du principe relatif à la liberté du commerce des neutres. La France le reconnut dans le traité du 21 décembre 1739 conclu avec les Provinces-Unies. Ce traité, au surplus, qui ne fut que la continuation de celui d'Utrecht, alors expiré, cessa d'être observé en 1764, et ne fut plus remis en vigueur. Des exemples contraires prouvent même de la manière la plus convaincante que le gouvernement français professait des principes opposés à la liberté du commerce. En effet, la déclaration publiée par Louis XV, le 21 octobre 1744, porte qu'on regardera comme de bonne prise, non seulement les marchandises ennemies trouvées à bord des bâtiments neutres, mais généralement tous les produits du sol et de l'industrie des ennemis; c'est à peine si on exceptait ceux trouvés sur les bâtiments hollandais et danois. Cette exception eut lieu par l'effet des conventions survenues avec la Hollande, et par suite du traité conclu le 23 août 1742 à Copenhague.

Il est à remarquer que Louis XVI, dans sa déclaration du 26 juillet 1778, bien qu'il n'eût point proclamé le principe que le pavillon couvre la marchandise, ne manifesta pas un principe opposé, comme l'avait fait son prédécesseur en 1744.

En 1779, dans un traité de commerce conclu dans la ville de Hambourg avec le duché de la Basse-Saxe, il fut convenu, art. 15, que les marchandises de contrebande, comme les denrées ou autres objets appartenant aux ennemis du roi et trouvés sur des navires du duché, seraient confisqués. Il est donc évident que jusqu'en 1779 la législation de la France ne reconnut point le principe de la liberté du commerce, bien qu'elle l'eût admis dans le traité d'Utrecht et dans plusieurs conventions particulières contractées avec d'autres nations, comme on l'a vu plus haut.

Ce ne fut qu'en 1780 que la France revint de ses principes erronés pour réclamer l'exacte observation de ceux qui avaient été consacrés par la convention d'Utrecht; et, en effet, elle modifia son langage en ce sens. L'art. 2 du traité d'amitié et de commerce conclu à Paris, le 6 février 1778, entre le roi de France et la république des États-Unis d'Amérique porte : « Le roi de France et les États-» Unis d'Amérique s'obligent réciproquement à » n'accorder aucun avantage particulier à une au-

» tre nation en matière de commerce et de naviga-
» tion, sans qu'il devienne à l'instant commun à
» l'autre contractant. Celui-ci jouira gratuitement
» de cet avantage, si la concession en est gratuite ;
» supportera les charges, si la concession en est
» onéreuse. »

L'article 23 du même traité reconnaît entre les deux nations contractantes le droit du pavillon neutre en temps de guerre et la liberté du commerce avec l'ennemi, en exceptant seulement les marchandises de contrebande de guerre.

Depuis l'année 1797, des contestations s'étaient élevées entre le Directoire exécutif de la République Française et les États-Unis d'Amérique ; elles vinrent de la jalousie que ressentait le Directoire de la bonne intelligence qui régnait entre l'Angleterre et les États dont il s'agit, depuis le traité de 1795 conclu entre ces deux nations. Elles cessèrent en 1800, époque où furent renouvelées toutes les stipulations du traité de 1778 touchant la liberté du commerce et la navigation des neutres, en exceptant seulement les marchandises de contrebande et les ports ou places effectivement bloqués ou assiégés.

Le *Moniteur* du 16 mars 1812 publia le rapport fait à Bonaparte par le ministre de l'intérieur.

Dans ce rapport, on déclara que le droit public maritime de la France sur le commerce des neutres était celui que consacrait le traité d'Utrecht, traité devenu la règle commune des nations.

Afin de mieux saisir le sujet que nous traitons, il est nécessaire de reproduire une ancienne question.

Elle remonte à l'année 1756.

Tout le monde sait qu'autrefois les puissances qui avaient des colonies excluaient du commerce de ces dernières les autres nations. Quelques unes aujourd'hui suivent le même principe; d'autres en ont permis le commerce par des traités formels. La question soulevée fut de savoir « si une puis-
» sance belligérante pouvait en temps de guerre
» autoriser les nations neutres à exercer avec les
» colonies un commerce qui, en temps de paix,
» était prohibé. » La nation anglaise, dont la ma-
rine, dans la guerre de 1756, avait pris un grand accroissement, s'opposa à la permission donnée par la France aux nations de commercer avec ses colonies. Elle allégua qu'il n'était pas permis de faire en temps de guerre un commerce qu'on n'exerçait pas en temps de paix : c'était la même chose que si les neutres protégeaient une puissance belligérante contre les attaques de l'autre.

En effet, les cours de l'amirauté de la Grande-Bretagne, s'appuyant sur ces bases, déclarèrent de bonne prise les bâtiments chargés des produits des colonies françaises, et cela se pratiquait lors même que les neutres prouvaient régulièrement qu'ils étaient devenus véritables possesseurs des produits chargés sur leurs navires. Ce fut la force seulement qui soumit les neutres à ce vandalisme.

Dans la guerre de 1763, cette question ne fut pas agitée, parce que la France, durant la paix, avait laissé libre le commerce de ses colonies; mais elle se reproduisit en 1783, parce que la France ferma ce commerce.

L'esprit du siècle s'empara de cette question de droit public maritime, qui éveilla l'attention des publicistes philosophes. Tous reconnurent que la liberté du commerce était basée sur le droit naturel, mais que nul ne devait entreprendre de transporter des vivres et des munitions à l'ennemi bloqué ou assiégé. Tous reconnurent également que les obstacles mis au commerce des neutres dans le moyen-âge était l'effet de l'ignorance, des abus et de la force ; ce qui devait les faire regarder comme illégitimes et non avenus.

Cependant l'Angleterre, se prévalant de la supériorité de ses forces sur mer, non seulement n'adopta point de si sages principes, mais prétendit même avoir un droit positif à la visite des convois, bien qu'escortés par des bâtiments de guerre de nations neutres. La France et l'Espagne, privées de matériaux pour la construction et l'armement de leurs vaisseaux, tiraient ceux qui leur étaient nécessaires des puissances du Nord, où il s'en trouvait en abondance. Les Anglais troublèrent aussi ce commerce lucratif. Catherine II se déclara protectrice de ce commerce, et consolida par le fait les principes répandus par les publicistes. De là la célèbre déclaration de la Russie, en date du 28 février 1780, et à laquelle se conformèrent plusieurs puissances de l'Europe. Elle est ainsi conçue :

PROCLAMATION.

« L'impératrice des Russies a si bien manifesté » les sentiments de justice, d'équité et de modéra- » tion qui l'animent ; elle a donné des preuves si » évidentes, pendant le cours de la dernière guerre » qu'elle a dû soutenir contre la Porte-Ottomane, » des égards qu'elle a pour les neutres et pour la » liberté du commerce général, qu'elle peut s'en

» rapporter avec franchise au témoignage de toute
» l'Europe. Cette conduite et les principes d'impar-
» tialité qu'elle a maintenus pendant la guerre ac-
» tuelle, ont dû lui inspirer la confiance que ses
» sujets jouiraient paisiblement des fruits de leur
» industrie et des avantages qui appartiennent à
» toute nation neutre. L'expérience a cependant
» prouvé le contraire. Ni ces considérations-là, ni
» les obligations que prescrit le droit des gens uni-
» versel, n'ont empêché que quelquefois les sujets
» de S. M. I. n'aient été molestés dans leur naviga-
» tion et arrêtés dans leurs opérations par les na-
» tions belligérantes. Ces entraves, mises à la li-
» berté du commerce général, et du commerce de
» la Russie en particulier, sont de nature à exciter
» l'attention des gouvernements des nations neu-
» tres. L'impératrice voit résulter pour elle l'obli-
» gation de l'en affranchir par tous les moyens
» compatibles avec sa dignité et avec le bien-être de
» ses sujets. Mais avant d'en venir à des résolu-
» tions ultérieures, et dans l'intention sincère de pré-
» venir de nouvelles atteintes, elle a cru être de sa
» justice d'exposer aux yeux de l'Europe les prin-
» cipes qu'elle va suivre, et qui sont propres à lever
» tout malentendu et ce qui pourrait y donner lieu.
» Elle le fait avec d'autant plus de confiance qu'elle

» trouve ces principes consignés dans le droit pri-
» mitif des peuples que toute nation est fondée à
» réclamer, et que les puissances belligérantes ne
» sauraient invalider sans violer les lois de la
» neutralité, et sans abandonner les maximes qu'el-
» les ont adoptées dans différents traités et enga-
» ments publics. Ils se réduisent aux points qui
» suivent :

» 1° Que les bâtiments neutres peuvent navi-
» guer librement de port en port et sur les côtes
» des nations en guerre ;

» 2° Que les effets appartenant aux sujets des
» puissances en guerre soient libres sur les bâti-
» ments neutres, à l'exception des marchandises
» de contrebande ;

» 3° Que l'impératrice se tient, quant à la fixa-
» tion de celles-ci, à ce qui est énoncé dans les ar-
» ticles 10 et 11 de son traité de commerce avec la
» Grande-Bretagne, en étendant ces obligations à
» toutes les puissances en guerre ;

» 4° Que pour déterminer ce qui caractérise un
» port bloqué, on n'accorde cette dénomination
» qu'à celui où il y a, par la disposition de la puis-
» sance qui l'attaque, avec des bâtiments de guerre
» arrétés et suffisamment proches, un danger évi-
» dent d'entrer.

» 5° Ces principes serviront de règle dans les
» procédures et dans les jugements pour la légalité
» des prises.

» S. M. I., en les manifestant, ne balance pas à
» déclarer que, pour les maintenir, et afin de pro-
» téger l'honneur de son pavillon et la sûreté du
» commerce de ses sujets contre qui que ce soit,
» elle fera appareiller une partie considérable de
» ses forces maritimes. Cette mesure n'influera ce-
» pendant en aucune manière sur la rigoureuse
» neutralité qu'elle entend strictement observer, et
» qu'elle maintiendra tant qu'elle ne sera point pro-
» voquée et forcée de sortir des bornes de la modé-
» ration et d'une parfaite impartialité. Ce ne sera
» que dans cette extrémité que sa flotte recevra
» l'ordre de se transporter où l'honneur, l'intérêt
» et le besoin l'appelleront.

» En donnant cette assurance formelle avec la
» franchise propre à son caractère, l'impératrice se
» flatte que les puissances belligérantes, pénétrées
» des sentiments de justice et d'équité dont elle est
» animée, contribueront à l'accomplissement de
» ses vues salutaires, lesquelles tendent si mani-
» festement à l'utilité de toutes les nations et à l'a-
» vantage même de celles qui sont en guerre ; qu'en
» conséquence, elles donneront à leurs amiraux et

» officiers commandants des instructions analo-
» gues et conformes aux principes ci-dessus énon-
» cés, puisés dans le code primitif des peuples et
» adoptés si souvent dans leurs conventions. »

Cette déclaration exprime clairement le principe que les pavillons des neutres couvrent les marchandises, et que le commerce doit être libre.

Le manifeste de la Russie, dit de la *neutralité armée*, fut un événement très agréable pour la France et pour l'Espagne. Les cabinets de ces deux puissances applaudirent aux principes établis dans cette proclamation, et en célébrèrent la sagesse et la politique. Le cabinet de Madrid ajouta que si antérieurement il s'était éloigné des principes d'équité, de justice et de modération, il l'avait fait parce que la Grande-Bretagne avait constamment altéré les règles suivies à l'égard des neutres. Il manifesta en outre (comme pour s'excuser) que les puissances neutres avaient souvent donné lieu à des difficultés dont la navigation avait souffert, parce que leurs bâtiments s'étaient pourvus de documents doubles et d'autres artifices.

Le Danemark et la Suède, à qui Catherine II avait fait communiquer la déclaration dont il s'agit, n'y trouvèrent qu'avantage pour leur commerce, qui avait souffert jusqu'alors par la rigueur avec laquelle la Grande-Bretagne avait pratiqué l'ancien système maritime. Ces deux gouvernements communiquèrent deux proclamations semblables aux puissances belligérantes, et conclurent avec la Russie des conventions qui sont connues sous le nom de *traités pour la neutralité armée.*

Le roi de Danemark, d'ailleurs, dès le mois de mai 1780, avait fait remettre aux puissances belligérantes une déclaration dans laquelle il faisait connaître que, pour maintenir libre et tranquille la communication de ses provinces, il avait résolu de déclarer la *Baltique* une mer fermée par sa situation, ne permettant point l'entrée aux bâtiments armés des puissances belligérantes.

La déclaration annonçait également que les deux autres gouvernements du Nord adoptaient le même principe.

M. *de Vergennes* répondit, le 25 mai, que le Roi des Français reconnaissait la *Baltique* pour une mer fermée.

La déclaration du Danemark du 8 juillet 1780 et son préambule méritent d'être rapportés ici comme des modèles de sagesse. L'auteur en fut l'honorable comte *Bernstorff.*

« Si la neutralité la plus exacte et la plus par-

» faite, avec la navigation la plus régulière et le
» respect le plus inviolable pour les traités, avait
» pu mettre la liberté du commerce maritime des
» sujets du roi de Danemark et de Norwége à l'a-
» bri des malheurs qui devraient être inconnus à
» des nations qui sont en paix et libres et indépen-
» dantes, il ne serait pas nécessaire de prendre de
» nouvelles mesures pour leur assurer cette li-
» berté à laquelle elles ont un droit incontestable.
» Le roi de Danemark a toujours fondé sa gloire
» et sa grandeur sur l'estime et la confiance des
» autres peuples. Depuis le commencement de son
» règne, il s'est fait la loi de témoigner à toutes les
» puissances amies les ménagements les plus con-
» venables, de les convaincre de ses sentiments
» pacifiques et de son désir sincère de contribuer
» au bonheur général de l'Europe : ses procédés
» uniformes, et que rien ne peut obscurcir, en font
» foi.

» Il ne s'est, jusqu'à présent, adressé qu'aux
» puissances belligérantes elles-mêmes pour obte-
» nir le redressement de ses griefs, et il n'a jamais
» manqué de modération dans ses demandes, ni
» de reconnaissance lorsqu'elles ont eu le succès
» qu'elles devaient avoir; mais la navigation neutre
» a été trop souvent molestée et le commerce de

» ses sujets le plus innocent, trop fréquemment
» troublé, pour que le roi ne se crût pas obligé de
» prendre actuellement des mesures propres à
» s'assurer à lui-même et à ses alliés la sûreté du
» commerce et de la navigation, et le maintien des
» droits inséparables de la liberté et de l'indépen-
» dance. Si les devoirs de la neutralité sont sacrés,
» le droit des gens a aussi ses arrêts avoués par
» toutes les nations impartiales, établis par la cou-
» tume et fondés sur l'équité et la raison. Une na-
» tion indépendante et neutre ne perd point, par la
» guerre d'autrui, les droits qu'elle avait avant
» cette guerre, puisque la paix existe pour elle
» avec tous les peuples belligérants sans recevoir
» et sans avoir à suivre les lois d'aucun d'eux. Elle
» est autorisée à faire dans tous les lieux (la con-
» trebande exceptée) le trafic qu'elle aurait droit
» de faire si la paix existait dans toute l'Europe,
» comme elle existe pour elle. Le roi ne prétend
» rien au-delà de ce que la neutralité lui attribue;
» celle-ci est la règle de son peuple.

» S. M. ne pouvant admettre le principe qu'une
» nation belligérante est en droit d'interrompre le
» commerce de ses États, elle a cru devoir à soi-
» même, à ses peuples, fidèles observateurs de ses
» règlements, et aux puissances en guerre elles-

» mémes, de leur exposer les principes suivants,
» qu'elle a toujours eus, et qu'elle avouera et sou-
» tiendra toujours, de concert avec S. M. l'impéra-
» trice de toutes les Russies, dont elle a reconnu
» les sentiments entiérement conformes aux siens. »

La Suède et le Danemark ne se bornérent pas simplement aux déclarations. Le 9 juillet 1780, ces deux puissances signérent à Copenhague une convention maritime pour le maintien des princi-pes énoncés dans les déclarations. Elles convin-rent d'équiper chacune un certain nombre de vais-seaux et de frégates destinés à protéger le com-merce commun des deux États. Par l'article 7, elles s'obligérent réciproquement, dans le cas où les bâtiments marchands de l'une ou de l'autre vien-draient à être capturés, pillés ou insultés par les bâtiments de guerre des puissances belligérantes, à agir de concert pour obtenir le relèvement de leurs griefs et les réparations convenables, et à user de représailles contre la nation qui refuserait de rendre justice. Par l'article 8, on ajouta que, si une des deux puissances, ou toutes les deux en-semble étaient molestées en haine de leur conven-tion, elles feraient cause commune pour se défen-dre et pour se procurer une entière satisfaction. D'autres articles séparés furent signés le même jour par la Russie et par le Danemark, également dans le but de veiller à la sûreté et à la tranquillité de la mer Baltique.

Par l'art. 1er, il fut établi que l'on continuerait à soutenir que la mer Baltique serait une mer fermée, où toutes les nations devraient et pourraient naviguer en paix, avec promesse par la Russie et le Danemark de maintenir la tranquillité de la mer du Nord en tous lieux.

On convint, par l'article 4, que si la réunion des deux escadres russe et danoise devenait nécessaire, les deux puissances agiraient de concert, conformément aux principes d'une parfaite égalité, et feraient en sorte que le système de neutralité conclu entre elles servît de base à la formation d'un code maritime universel.

L'article 6 stipula qu'à l'exclusion des articles séparés, la convention serait communiquée aux puissances belligérantes.

Une pareille convention fut signée le 1er août 1780 à Saint-Pétersbourg entre la Russie et la Suède. Entre autres choses, on détermina ce qu'on devait entendre par contrebande de guerre. Nous parlerons de ceci dans un chapitre spécial.

Les articles publics de cette convention furent accompagnés d'autres stipulés secrètement. La teneur principale de la convention fut que l'impératrice de toutes les Russies et le roi de Suède contribueraient d'un commun accord à la sûreté et à la tranquillité de la Baltique, et la protégeraient contre toute atteinte. Les parties contractantes convinrent également de la déclarer, par sa position locale, une mer fermée où toutes les nations pourraient naviguer à leur gré et tranquillement; et, en conséquence, elles résolurent de prendre les mesures les plus énergiques pour garantir cette mer et ses côtes de toute hostilité, piraterie et violence.

Par une déclaration particulière, le Danemark accéda, comme partie principale, à cette convention. La Suède donna également son assentiment à celle du 9 juillet 1780. La cour de Russie envoya une note aux nations belligérantes pour porter à leur connaissance cette double accession.

La cour de Versailles répondit, le 27 juillet 1780, que la *neutralité armée* était le plus grand avantage que la guerre de ce temps eût pu procurer à l'Europe entière. En outre, le roi de France déclara que les règlements sages et éclairés du Danemark méritaient d'être mis en pleine exécution, et qu'ils étaient entièrement conformes à ceux que la France avait sanctionnés depuis le commencement de la guerre.

L'acte d'accession des États-Généraux de Hollande fut signé à Saint-Pétersbourg le 24 décembre 1780; les ratifications eurent lieu le 22 février 1781. La Grande-Bretagne, pour empêcher cette adhésion, déclara la guerre aux États-Généraux le 20 décembre 1780.

Le 8 mai 1781, la Prusse donna aussi son adhésion. En voici le préambule :

« La justice et l'équité des principes que S. M.
» l'impératrice de toutes les Russies a adoptés et
» proclamés dans toute l'Europe au moyen de la
» déclaration du 26 février 1780 communiquée à
» toutes les puissances belligérantes, ont déter-
» miné S. M. le roi de Prusse à prendre aussi une
» part directe au glorieux système de neutralité
» (dont toutes les nations ont universellement ap-
» prouvé le résultat), non pas seulement en adop-
» tant les principes, basés sur la justice et le droit
» des gens, mais en y accédant et en les garantis-
» sant par un acte formel. »

L'empereur Joseph II, par acte signé de lui, le 9 octobre 1781, accéda aux principes de la *neutralité armée*, mais non pas aux conventions qui avaient été conclues pour cet objet.

Le Portugal, par un traité signé à Saint-Pétersbourg le 13 juillet 1792, accéda pareillement à la convention maritime.

La dernière adhésion fut celle du roi des Deux-Siciles. Elle eut lieu pour la convention que le duc de Saint-Nicolas, ministre à Saint-Pétersbourg, signa le 10 février 1783. Le roi de Naples déclara dans le préambule qu'il avait toujours suivi les principes de la neutralité maritime à l'exemple de son père, qui les avait adoptés depuis le moment qu'il avait été appelé à régir ses États. Ces principes étaient consignés dans les traités avec la Suède en 1742, avec le Danemark en 1748, et avec les Etats-Généraux en 1753. Ces traités furent stipulés à l'époque où les royaumes d'Espagne et des Deux-Siciles cessèrent d'appartenir à d'autres souverains.

L'Angleterre, que de telles déclarations ne satisfaisaient point, tint cependant en cette circonstance une conduite fort sage et fort prudente.

Les principes qui formaient la base de la *neutralité armée* étaient opposés au système qu'elle suivait et qu'elle n'entendait pas abandonner. Cédant toutefois au torrent, elle se garda de contester les maximes approuvées par les cours et par la philosophie, qui était devenue une puissance. L'Angleterre ne fit aucune démarche qui pût démontrer qu'elle aurait reconnu ces principes : elle laissa au temps le soin de trouver un moyen de faire prévaloir une politique fondée sur des principes entièrement différents. Elle répondit avec beaucoup d'astuce aux trois cours lorsqu'elles lui notifièrent les conventions.

La réponse faite à la Russie est pleine de protestations d'amitié. « Le roi (dit-elle), dès le com-
» mencement des hostilités , a donné les ordres les
» plus précis de respecter le pavillon de S. M. I. et
» le commerce de ses sujets, selon le droit des
» gens et la teneur des engagements qu'il a
» contractés dans son traité de commerce avec
» elle, et qu'il remplira avec l'exactitude la plus
» rigoureuse. Les ordres à ce sujet ont été renou-
» velés, et on veillera strictement à leur exécution.
» Il est à présumer qu'ils empêcheront toute irré-
» gularité; mais s'il arrivait qu'il se commît la
» moindre violence, les tribunaux de l'Amirauté,
» qui, dans ce pays-ci, comme dans tous les autres,
» sont établis pour connaître de pareilles matières,
» et qui jugent par le droit général des nations et
» par les stipulations des différents traités, redres-
» seraient les torts. »

La réponse faite au Danemark est un peu plus

claire, et ainsi conçue : « Le Cabinet de Londres a
» respecté et respectera les droits de toutes les
» puissances neutres, selon la teneur des diffé-
» rents traités conclus avec elles. A l'égard des na-
» tions avec lesquelles il n'y a point de conven-
» tions particulières, elle se comportera d'après les
» principes les plus clairs et généralement recon-
» nus par le droit des gens. Comme il existe des
» traités entre la Grande-Bretagne et le Danemark,
» on continuera à respecter le commerce des Da-
» nois conformément aux stipulations. »

La réponse faite à la ratification suédoise, quoique laconique, fut plus positive. Elle commence
par citer et par transcrire mot pour mot l'art. 12
du traité de 1661, et le traité de 1666, stipulés
entre les deux nations. Dans ce dernier, il avait
été énoncé que la navigation des neutres ne devrait
pas porter détriment à une puissance alliée, et
que les marchandises appartenant à un ennemi ne
devraient pas être cachées. Ce traité avait stipulé
aussi que si on trouvait une propriété de l'ennemi,
elle serait prise ; mais que la propriété d'un allié
serait restituée. Après l'exposition de ces traités,
la note se termine par les paroles suivantes :

« Telles sont les obligations qui lient les deux
» peuples et qu'on ne peut violer sans blesser l'a-

» mitié qui subsiste depuis long-temps entre les
» deux nations, et sans enfreindre les engage-
» ments contractés, qui en sont la base et le sou-
» tien. »

Des réponses du cabinet britannique et des faits
survenus postérieurement, il résulte évidemment
que cette nation n'adhérait pas aux principes établis, et que la prudence lui conseillait de cacher le
déplaisir que lui causait la guerre qui se faisait
alors en Amérique.

Toutes les autres nations de l'Europe n'eurent
qu'une voix en faveur des principes de la *neutralité armée*. En effet, peu d'événements produisi-
rent dans le xviiie siècle une sensation aussi agréable que celle que causa cette *neutralité armée* du
Nord, qui donna lieu aux philosophes de préconi-
ser la philanthropie russe, et qui fut célébrée
comme une nouvelle régénération politique.

Malheureusement, ces traités philanthropiques
tombèrent bientôt dans l'abandon, et l'Europe n'en
recueillit pas le fruit qu'à bon droit elle devait espérer. Dans la suite, les circonstances changèrent;
la Grande-Bretagne se rendit souveraine maîtresse
des mers, et remit en vigueur le droit maritime des
temps barbares du moyen-âge. L'inconstance du
pouvoir en France, par suite de la révolution,

contribua aussi à détruire la liberté commerciale. Ce ne fut que sous le Consulat que la France recommença à adopter des maximes plus sages, en s'engageant à respecter les neutres.

La révolution française produisit une suite de guerres qui, sauf quelques interruptions, eurent une durée de vingt-quatre ans. Plusieurs coalitions se formèrent dans cette longue période de guerre, pendant laquelle le droit public maritime fut plus d'une fois éludé. On peut même affirmer qu'il fut presque méconnu, et que la force fut la seule règle sur mer.

Le Conseil exécutif qui gouvernait la France, forcé par la nécessité d'avoir des blés et d'autres objets importants, promit, par une proclamation du 11 avril 1793, assistance et protection aux capitaines et équipages des bâtiments danois et suédois qui fréquenteraient les ports de France. Cette proclamation leur garantissait la liberté et la sécurité dues aux nations amies.

Les Anglais défendirent aux bâtiments neutres, chargés de céréales, d'entrer dans les ports de France. (Ce fut un acte abusif et contraire à tous les droits.) D'un autre côté, le gouvernement français, par un nouvel édit du 9 mai 1793, foulant aussi aux pieds le droit des gens, ordonna aux bâtiments de guerre et aux corsaires portant pavillon français d'arrêter et de conduire dans les ports de France les navires neutres qui seraient chargés en tout ou en partie de vivres appartenant aux neutres, et destinés à être transportés dans les ports des ennemis de la république, ou chargés de marchandises ennemies sous le pavillon neutre. Par ce décret, la France viola les principes de la *neutralité armée*, et détruisit la convention stipulée par elle avec le Danemark, le 30 septembre 1749, convention qui devait demeurer en vigueur jusqu'à la conclusion d'un nouveau traité (1).

L'Angleterre, le 8 juin 1793, ordonna aux commandants militaires de sa marine d'arrêter tous les navires chargés en tout ou en partie de céréales, et qui seraient dirigés sur la France ou dans les ports qui en dépendaient. Elle signifia, en outre, de bonne prise tout bâtiment qui serait dirigé dans un port déclaré par elle en état de blocus. Ce fut une autre violation du droit public maritime, ainsi que

(1) La convention du 30 septembre 1749, entre autres choses, énonçait expressément que, si une des deux puissances venait à être en guerre avec un autre État, les sujets de la France et du Danemark seraient libres dans l'exercice de leur commerce et que le pavillon couvrirait la marchandise.

nous le démontrerons dans le chapitre où nous traiterons du blocus.

Le cabinet britannique notifia ces instructions aux puissances neutres. Le ministre extraordinaire d'Angleterre en envoya effectivement une copie, le 17 juillet 1793, au comte Bernstorff, ministre à Copenhague.

En communiquant ces instructions, il fit l'observation qu'il n'y avait personne qui ne reconnût combien les circonstances de cette guerre différaient de celles sur lesquelles étaient fondés le système de droit public et les usages adoptés par les gouvernements européens; qu'on ne pouvait mettre en doute que cette différence dût influer essentiellement sur l'exercice des priviléges des puissances neutres, lesquels naissent du droit général des nations et des traités particuliers; qu'en France il n'existait pas de gouvernement reconnu; que même les nations disposées à la neutralité n'en reconnaissaient pas un formellement. En effet, le Danemark n'avait point de ministre à Paris, comme la France n'en avait point en Danemark. Enfin il fit remarquer qu'en empêchant le commerce avec la France, particulièrement celui des blés, dont elle avait en ce moment un extrême besoin, on y causerait la disette, et que ce serait un moyen de réduire le gouvernement de la république à un système de modération, en donnant la paix à l'Europe; qu'une semblable manière d'agir était admise par les publicistes, c'est-à-dire, qu'on pouvait empêcher les importations quand on tendait à rappeler l'ennemi dans le sentier du devoir.

Le comte *Golitz*, ministre du roi de Prusse, déclara à la cour de Danemark, le 21 juillet de cette même année 1793, que son souverain accédait sans aucune réserve aux résolutions de l'Angleterre. Le Danemark cependant, loin d'adopter de tels principes, répondit par une note, en date du 28 juillet, dans laquelle il déclarait qu'il se voyait dans la nénécessité de combattre les principes d'une puissance alliée et amie, auxquels s'associait le ministre de S. M. le roi de Prusse; qu'il ne prévoyait nullement le triomphe de ce principe absurde, que la nature différente d'une guerre pût altérer la nature des traités, et que les puissances pussent faire des conventions au préjudice d'un tiers, en faisant ressentir aux neutres le poids de la guerre. Il ajouta que n'ayant eu aucune communication avec les autres puissances neutres à ce sujet, il ignorait leur pensée; mais qu'il croyait que les principes de la neutralité ne pouvaient se concilier avec des mesures qui les anéantissaient. S. M. danoise était toujours fidèle aux traités et aux stipulations de la neutralité, et ne pouvait comprendre comment on avait pu donner aux commandants des instructions contraires aux conventions; ce qui l'obligeait à protester contre ces instructions, comme étant une infraction manifeste aux lois les plus sacrées qui existent parmi les hommes.

La note dont il s'agit fut accompagnée d'un mémoire qui examinait la question en droit, et qui était conçu en ces termes :

« Le droit des gens est inaltérable. Il ne dépend
» pas des circonstances. Un ennemi en guerre peut
» se venger et attaquer son adversaire, et dans ce
» cas, il y a lieu à une funeste réciprocité. Une puis-
» sance neutre cependant, qui est en paix, n'a pas
» une semblable réciprocité à craindre, à moins
» qu'elle ne se mette aussi en hostilité. Sa sauve-
» garde est dans l'impartialité et dans ses traités. Il
» n'est pas permis à une nation d'user de ses droits,
» quand elle se montre partiale envers une des par-
» ties belligérantes. Elle doit donc s'appuyer sur le
» droit public universel, lequel ne connaît point de
» distinction. Elle n'est ni juge ni partie; les trai-
» tés n'accordent ni priviléges ni faveurs. Ces sti-
» pulations sont de droit parfait et contiennent des
» obligations réciproques ; ce sont des contrats

» qu'on dénaturerait si une des parties contrac-
» tantes pouvait les suspendre, les expliquer ou les
» limiter à son gré sans le consentement de l'autre
» partie. De cette façon, tous les traités seraient
» inutiles; la bonne foi et la sûreté en souffriraient.
» L'oppression devient plus injuste et plus sensible
» quand elle est précédée de la violation d'un enga-
» gement contracté.

» Le Danemark ne prétend pas justifier le gou-
» vernement actuel de la France; mais sa neutra-
» lité lui défend d'exposer ses sentiments à cet
» égard, et il se borne à espérer qu'il verra bien-
» tôt la cessation des maux qui affligent ce pays.
» D'un autre côté, la nation française existe, et l'au-
» torité que le Danemark reconnaît est celle à la-
» quelle on a recours dans les cas particuliers. Les
» navires de commerce existent également comme
» au temps où l'Angleterre était en paix avec la
» France. Celle-ci reconnaît les traités conclus avec
» nous et s'y conforme, en les invoquant dans les
» cas particuliers qui surviennent, et cela toujours,
» non seulement pour les effets qui nous appar-
» tiennent, mais aussi pour ceux qui appartien-
» nent à des sujets des puissances en guerre,
» pourvu toutefois qu'ils soient couverts par notre
» pavillon. En cas de refus ou de retard, nous

» avons entendu alléguer le motif de représailles ,
» par la raison que les nations en guerre avec elle
» ne respectaient pas les traités conclus avec le
» Danemark. Avec cette manière de procéder, il
» arrive que notre pavillon est victime d'erreurs
» qui ne sont point les siennes.

» Les voies de la justice sont encore ouvertes en
» France. Là, les consuls, les mandataires des par-
» ticuliers sont admis. Les actions devant les tri-
» bunaux de commerce ne sont pas interdites ,
» cela suffit ; dans les cas ordinaires, il n'est pas
» nécessaire d'entamer de nouvelles négociations ;
» il n'est pas non plus besoin de négociateurs pour
» soutenir les traités faits : les juges peuvent en
» prononcer l'exécution.

» Ces réflexions vous démontrent évidemment
» que nos réclamations sont accueillies en France,
» obtiennent la justice qui leur est due , et que
» l'impossibilité n'existe pas. Il est vrai que les sen-
» tences des tribunaux de commerce n'ont pas une
» base uniforme, et qu'il n'y a pas de recours à une
» autorité centrale , ce qui donne lieu à quelques
» injustices, mais peu fréquentes, et dont per-
» sonne n'a le droit de se plaindre plus que les
» neutres. D'un autre côté, il n'est pas juste que
» nous en soyons punis. La puissance même qui

» condamne de tels désordres semble vouloir les
» justifier quand elle les imite.

» Une puissance neutre remplit tous ses devoirs
» quand elle ne s'éloigne ni de l'impartialité la
» plus stricte ni du sens littéral des traités. Dans le
» cas où sa neutralité serait plus avantageuse à
» l'une des parties belligérantes qu'à l'autre, cela
» ne la regarde pas et ne peut détruire les principes
» de la neutralité. L'avantage dépend de la situa-
» tion locale ou des circonstances du moment, cho-
» ses qui varient toujours. Les pertes et les béné-
» fices se compensent et se balancent avec le temps.
» Tout ce qui ne dépend pas absolument des puis-
» sances neutres ne doit en aucune manière influer
» sur la neutralité. S'il en était ainsi, un intérêt
» partiel et momentané deviendrait l'interprète et
» le juge des traités, qui sont en eux-mêmes per-
» manents.

» La disette, conséquence du manque d'appro-
» visionnements, n'est pas une circonstance ex-
» traordinaire et du moment; mais on la veut
» comme conséquence des motifs qui tendent à
» éloigner la guerre des autres nations. C'est ce
» qu'on entreprend.

» La France est continuellement exposée à avoir
» besoin que les étrangers la pourvoient de grains.

» L'Afrique, l'Italie, l'Amérique, lui en fournissent
» beaucoup plus que la Baltique. La disette en
» France était beaucoup plus affreuse en 1709,
» et cependant l'Angleterre ne fit pas usage des ar-
» guments qu'elle met aujourd'hui en avant. Elle fit
» tout le contraire. En effet, Frédéric, roi de Dane-
» mark, faisant la guerre à la Suède (qui est dans le
» même cas que la France), voulait empêcher de
» transporter en ce pays des céréales, afin de ré-
» duire ses ennemis au devoir. En un mot, il voulait
» appliquer au territoire tout entier de la Suède le
» principe admis pour les places bloquées. Toutes
» les puissances réclamèrent, notamment la Grande-
» Bretagne, objectant qu'un pareil système était
» impraticable. Le roi, convaincu, se désista entière-
» ment de son principe erroné.

» Une guerre peut différer d'une autre par ses
» motifs, par son but, par la nécessité, par la jus-
» tice ou l'injustice. Tout cela peut être d'une grande
» importance pour les nations belligérantes, avoir
» une grande influence sur la paix, sur ses issues
» et sur toutes les circonstances accessoires. Tout
» cela cependant ne regarde en rien les neutres, et
» peut servir simplement à ceux qui ont la justice
» de leur côté. Les nations neutres ne doivent pas
» seconder cette espèce de sentiments. La neutralité

» n'existe pas du moment qu'elle n'est point par-
» faite. »

Cette réponse, écrite avec une si noble franchise, comme tout ce qui était sorti de la plume d'un ministre à qui le Danemark était redevable d'une série d'années de prospérité, prouvait d'une manière très claire que le gouvernement danois se serait difficilement éloigné de l'état de parfaite neutralité.

Dans le même temps que le Danemark recevait communication desdites instructions de 1793, M. *Keen*, chargé d'affaires de la Grande-Bretagne près la Suède, les transmettait au baron de Sparre, chancelier de cette nation. Bientôt M. *de Borgstedt*, chargé d'affaires du roi de Suède près la cour de Londres, fit connaître la satisfaction que le règlement précité avait donnée au gouvernement suédois.

Pour rendre raison de l'accueil différent que les mêmes communications avaient reçu près de deux cours, qui avaient les mêmes intérêts commerciaux avec la France, il est nécessaire d'exposer brièvement les traités distincts des deux pays avec la Grande-Bretagne.

Celui qui réglait les rapports de cette nation avec le Danemark portait la date du 11 juillet 1670.

L'article 20 expliquait très imparfaitement les droits commerciaux des neutres.

Ces droits furent mieux déterminés dans une autre convention conclue le 4 juillet 1780. On y classa les marchandises dites *contrebande de guerre,* et on excepta les farines, les grains et les autres céréales.

La Suède, au contraire, se trouvait dans un cas tout-à-fait différent. L'article 11 de son traité de commerce avec l'Angleterre, du 23 octobre 1661, comprenait au nombre des marchandises de contrebande de guerre l'argent et toute sorte de comestibles. Ces dispositions furent confirmées par l'article 1er de l'autre traité du 16 février 1666 ; de façon que le même règlement, qui était une infraction aux traités avec le Danemark, était une faveur pour la Suède.

Cependant les armateurs anglais, jusqu'au 15 août de la même année 1793, avaient conduit dans leurs ports environ cent quatre-vingt-neuf bâtiments danois chargés de grains, de viandes et de poissons salés dirigés sur la France. Le gouvernement anglais mit beaucoup de lenteur à en payer la valeur. En effet, de 557,504 liv. sterl. que les chargements avaient été évalués en novembre 1794, à peine en paya-t-il 38,407. Dans cet intervalle, les tribunaux de l'amirauté établirent un nouveau principe, à savoir, que les nations neutres n'avaient pas le droit de transporter dans les ports étrangers des marchandises des autres nations, mais devaient se borner au commerce de leurs propres produits. Après avoir posé ce principe arbitraire, qui devint une maxime incontestable dans ces tribunaux, on en vint à refuser aux divers bâtiments neutres le prix de leur cargaison, quand les marchandises étaient de nation différente. C'était en opposition manifeste avec les promesses contenues dans les instructions de 1793.

Le 10 août 1793, le baron de *Krudener*, ministre de Catherine II à Copenhague, annonça que sa souveraine avait fait sortir de ses ports vingt-cinq vaisseaux de ligne et quelques frégates pour croiser dans la Baltique et dans la mer du Nord, afin d'empêcher les Français d'y naviguer et d'y faire le commerce. Il exhortait en même temps le gouvernement danois à rompre tout traité avec la France, comme perturbatrice de l'Europe, et à donner des ordres pour que les navires danois fussent visités par les bâtiments de guerre de la Russie, à l'effet de s'assurer s'ils transportaient des vivres ou des munitions de guerre dans les ports de France.

Le comte *Bernstorff* répondit, le 22 août, que sa

cour ne serait jamais amenée à des négociations qui présentaient des doutes ; que, d'ailleurs, l'impératrice ne devait pas ignorer que le roi avait résolu de ne pas faire escorter ses navires destinés pour la France par des vaisseaux de guerre, et qu'il n'entendait certainement pas faire transporter des munitions de guerre en France, ce qui rendait fort inutile l'examen d'une déclaration qui ne le concernait pas ; que, d'un autre côté, le commerce des grains était si restreint, qu'il formait un objet insignifiant pour la cause que l'impératrice avait embrassée, et qu'en l'empêchant, il en coûterait au Danemark le sacrifice de ses droits, de son indépendance et des traités par lesquels il était lié ; que le roi ne promettait pas de s'engager dans une discussion approfondie à cet égard ; que par conséquent il s'abstenait d'examiner les principes de droit public et particulier, se contentant d'en appeler à l'équité et à l'amitié de l'impératrice, amitié consolidée par plusieurs années d'épreuves réciproques. Il en agissait ainsi avec d'autant plus de confiance, qu'il en avait donné une preuve bien grande en ne faisant pas usage de ses droits incontestables, en ne réclamant pas pour la liberté de la navigation l'appui de l'impératrice, appui qui lui

était dû en vertu de traités solennels , dont Catherine II elle-même avait été l'auteur.

On remarque dans cette réponse des expressions
qui doivent avoir certainement rapport à des traités
qui sont restés sous le voile du mystère.

Cependant le commerce français, par l'activité
des armateurs anglais, s'anéantissait tous les jours,
et la pénurie dans laquelle se trouvait la France
produisait un mécontentement général. La Convention nationale rendit, le 15 août 1793, un décret par lequel elle prohibait l'exportation des vins,
eaux-de-vie, de l'huile et autres articles. Elle
déclara ensuite, le 3 septembre, que les capitaines
neutres, qui auraient apporté en France des comestibles, auraient le privilége d'exporter les objets de prohibition ci-dessus énoncés. Le 25 du
même mois, elle décréta que les traités de navigation et de commerce, qui subsistaient entre la
France et les puissances avec lesquelles la paix
était conservée, seraient strictement observés,
selon leur forme et teneur. Le 8 novembre 1793 ,
elle annula le décret qui attribuait le jugement des
prises aux tribunaux de commerce, et ordonna que
les contestations de ce genre fussent jugées admi-
nistrativement par le conseil exécutif.

Les Anglais, en attendant, ne manquèrent pas

de se conformer avec la plus grande rigueur aux instructions; l'amiral *Hood*, qui commandait une flotte dans la Méditerranée, aggrava même les vexations en déclarant arbitrairement de bonne prise tout bâtiment d'une nation quelconque qui serait dirigé sur un port de France, ou qui en sortirait, sans avoir égard à sa cargaison. Ce même gouvernement anglais, le 6 novembre 1793, publia une instruction additionnelle par laquelle il interdisait aux nations neutres le commerce avec les colonies françaises. Cette interdiction se fondait sur le principe que, comme en temps de paix la France ne permettait pas aux nations neutres le commerce avec ses colonies, on ne pouvait en temps de guerre acquérir un droit qui n'était point concédé pendant la paix. Partant de cette absurdité, il déclara de bonne prise les bâtiments qui se dirigeaient sur ces colonies. D'autres instructions, données secrètement aux commandants des vaisseaux de guerre, prescrivaient d'envoyer dans les ports de la Grande-Bretagne tous les bâtiments qui transporteraient des provisions de bouche ou des munitions dans lesdites colonies. Il est bon de se rappeler que l'Angleterre avait avancé de semblables prétentions en 1756, ainsi qu'on l'a signalé ci-dessus.

La Suède et le Danemark, qui étaient demeurés neutres dans la grande lutte du continent, et qui avaient un grand nombre de bâtiments marchands, étaient les plus lésés par les nouveaux règlements maritimes. Il était donc de leur intérêt de s'unir et de faire, autant que possible, cause commune. En effet, ils formèrent, le 27 mars 1794, à Copenhague, une convention pour défendre leur commerce et leur neutralité. Par les articles 1 et 3 de cet acte diplomatique, ils déclarèrent qu'ils maintiendraient la plus parfaite neutralité pendant le cours de la guerre; par l'article 4, qu'ils donneraient protection au commerce légitime de leurs sujets. Pour assurer l'exécution de ce traité, les parties contractantes s'engagèrent à équiper chacune huit vaisseaux de ligne et un nombre proportionné de frégates, qui se réuniraient ou se sépareraient, selon que les circonstances le rendraient nécessaire.

Par l'article 10, ils déclarèrent la Baltique une mer fermée, et s'engagèrent, par l'article 11, à faire conjointement la communication de cette convention à toutes les puissances en guerre, en y ajoutant les assurances les plus sincères de leur désir de conserver l'amitié et l'harmonie la plus parfaite. L'article 12, enfin, était ainsi conçu :

« Si, par malheur, quelque puissance, au mé-
» pris des traités et de la loi universelle des nations,
» venait à ne plus respecter les principes fonda-
» mentaux de la société et du bonheur général, en
» inquiétant la navigation légitime des sujets da-
» nois et suédois, alors les parties contractantes,
» après avoir fait les remontrances les plus pres-
» santes et avoir épuisé tous les moyens possibles
» de conciliation pour obtenir la satisfaction et les
» indemnités qui leur seront dues, useront du
» droit de représailles, au plus tard quatre mois
» après le refus fait à leurs instances. Partout où
» elles le jugeront convenable, les deux puissances
» se soutiendront l'une l'autre, quelle que soit celle
» qui ait été attaquée ou insultée, relativement à
» cette convention, qui subsistera pendant tout le
» temps de la présente guerre. »

Par l'article 13, la convention du 9 juillet 1780,
ci-dessus rapportée, fut entièrement renouvelée.

La réunion des deux flottes établies dans le *Sund*,
en 1794 et 1795, sauva le commerce des deux nations. Il n'en fut pas de même dans la Méditerranée, où l'Angleterre dominait par la possession de
la Corse et de Gibraltar. Les corsaires anglais
tombaient sur tous les bâtiments neutres, et les
tribunaux de la Grande-Bretagne, auxquels était

attribuée la compétence des jugements des prises, étaient à juste titre accusés de partialité. Si quelquefois le gouvernement anglais était condamné par ses tribunaux à indemniser les neutres, il n'avait pas honte de reculer toujours les paiements, ce qui tournait au préjudice des neutres.

Le 19 novembre 1794, l'Angleterre signa un traité avec les États-Unis d'Amérique, traité qui fut ratifié par le sénat de cette république, le 24 juillet 1795, et qui donnait aux rapports commerciaux des deux nations une plus grande latitude et plus de facilités. L'article 17 en est conçu en ces termes :

« Il est convenu que, dans tous les cas où des
» vaisseaux seront pris ou détenus sur un juste
» soupçon d'avoir à bord des propriétés apparte-
» nant aux ennemis de l'une des deux puissances
» contractantes, ou de porter à l'ennemi quelque
» article de contrebande de guerre, lesdits vais-
» seaux seront conduits dans le port le plus voisin
» et le plus convenable. Si l'on trouve, en effet,
» sur le vaisseau pris quelque propriété apparte-
» nant à l'ennemi, elle sera confisquée, et le vais-
» seau sera remis en liberté avec le reste de sa car-
» gaison, pour continuer sa route sans aucun em-
» pêchement.

Par là, les États-Unis abandonnèrent le principe que le pavillon couvre la marchandise. Ce traité, qui cimenta les relations des deux peuples par la réciprocité qu'ils se prêtaient, excita la jalousie et provoqua les représentations du Directoire exécutif à Paris. Les différends s'aplanirent par le traité de 1800 énoncé ci-dessus.

Avant cet accommodement, le Directoire exécutif de la République Française, ayant eu connaissance du traité conclu en 1794 entre les deux puissances sus-mentionnées, résolut d'en témoigner son ressentiment au gouvernement américain. Le 2 juillet 1796, il fut arrêté que les bâtiments américains subiraient la visite, et qu'on en userait à leur égard de la même manière que les Anglais. En exécution de cet arrêté, le ministre français, M. Adet, notifia que, quoique les Anglais s'emparassent des propriétés françaises trouvées sur des bâtiments américains, la France, fidèle à ses engagements, avait respecté les marchandises américaines trouvées sur des bâtiments anglais; qu'en un mot, la France n'avait altéré en rien le traité de 1778; que cependant l'Angleterre, par suite du traité de 1794, s'était emparée de marchandises françaises, ainsi que de marins américains, sans que le gouvernement des Etats-Unis eût fait connaître à la France les mesures qu'il aurait dû prendre pour faire cesser ces vexations ; que, dans cet état de choses, le gouvernement français avait été obligé de publier son ordonnance, afin de rétablir l'équilibre entre les nations belligérantes.

En second lieu, M. Adet fit observer au gouvernement américain que la convention que M. Tay avait conclue à Londres, détruisait le droit moderne des gens, sur les principes duquel l'Angleterre elle-même avait stipulé onze conventions. Il ajouta, en outre, que les stipulations conclues entre l'Amérique et l'Angleterre rompaient directement celles de 1778, à moins que les Américains ne fissent jouir les Français des mêmes avantages qui étaient accordés aux Anglais, conformément à l'article 2 de la convention de 1778, où il fut expressément annoncé qu'on n'accorderait à une nation, en matière de navigation et de commerce, aucun avantage particulier, qui ne devînt, à l'instant, commun à l'autre partie contractante.

Enfin, le 15 novembre 1796, M. Adet notifia au secrétaire d'État que ses fonctions de ministre plénipotentiaire étaient suspendues.

La loi publiée en France le 31 octobre 1796 prohibait les marchandises anglaises. Elle fut faite dans le but de porter un coup mortel à l'industrie anglaise et au commerce lucratif que les Américains faisaient avec la France. Cette prohibition avait lieu aussi bien pour la voie de mer que pour la voie de terre, et dans toute l'étendue de la République Française. Un article de cette loi portait qu'un bâtiment chargé, en tout ou en partie, desdites marchandises, ne pouvait entrer dans les ports de la république sans être séquestré à l'instant même. L'article 5 indiquait les objets qu'on devait réputer comme provenant des fabriques anglaises, quelle qu'en fût l'origine.

Il résulta de ces déclarations une grande animosité entre les citoyens des deux républiques; et les deux gouvernements échangèrent notes sur notes. La question devint si animée qu'on s'attendait à une guerre prochaine. En effet, le général *Washington* fut nommé commandant en chef de toutes les forces de la république, et le 7 juillet 1798, le congrès de la fédération des États-Unis déclara que tous les traités précédemment conclus avec la France ne seraient plus regardés comme obligatoires de la part des citoyens des États-Unis.

Cet état de choses dura jusqu'à la conclusion du traité du 30 septembre 1800.

Par des raisons purement politiques, le Danemark et la Suède s'étaient depuis long-temps ab

stenus de prendre des mesures énergiques pour
protéger leur commerce. Enfin, le roi de Suède,
dans le mois d'avril 1798, prit une détermination,
et déclara que, dans le cours de chaque année, et à
des époques fixes, il ferait escorter par des vaisseaux de guerre les navires de commerce destinés
pour Lisbonne et pour la Méditerranée. Le Danemark suivit cet exemple, et régla par une ordonnance les conditions auxquelles les navires, qui
partiraient à époques fixes pour la Méditerranée,
pouvaient être convoyés. Les premiers convois
passèrent tranquillement en vue des côtes mêmes
de l'Angleterre et à travers l'escadre britannique, sans que celle-ci prétendit visiter les navires
escortés. Il n'en fut pas de même par la suite. En
décembre 1799, le commandant d'une flottille anglaise, stationnée dans le voisinage de Gibraltar,
sous les ordres de l'amiral *Keit*, commandant les
forces britanniques dans la Méditerranée, prétendit visiter les navires de commerce danois escortés
par la frégate *la Hovfruen*, capitaine Dockum. Celui-
ci s'y opposa, et on était sur le point d'en venir
aux voies de fait. L'amiral anglais laissa passer le
convoi, en se réservant de rendre compte à son
gouvernement de ce qui était arrivé. Effectivement,
le 10 avril 1800, M. Merry, chargé d'affaires de la

Grande-Bretagne près la cour de Danemark, se plaignit de la conduite. tenue par le capitaine Dockum, et rédigea une note où se trouvent les expressions suivantes :

« Le droit de visiter et d'examiner les navires de » commerce en pleine mer, de quelque nation » qu'ils soient, et quelles que soient leur cargai-» son et leur destination, est regardé par le gou-» vernement britannique comme incontestable à » toutes les nations en guerre. Ce droit, fondé » sur celui des gens, est généralement admis et re-» connu. Il s'ensuit que la résistance qu'oppose » à la visite le commandant d'un navire de guerre » d'une puissance amie doit être regardée comme » un acte d'hostilité. »

La réponse du comte Bernstorf, en date du 19 avril 1800, plaça la question sous son vrai jour. M. Merry, dans sa note, l'avait présentée d'une manière équivoque.

« L'usage et les traités (dit le comte Bernstorf) » donnent aux puissances belligérantes le droit de » faire visiter par leurs bâtiments de guerre ceux » du commerce qui ne sont pas escortés. Ce droit » pourtant n'est pas naturel, mais purement con-» ventionnel. On ne peut, sans commettre une in-» justice manifeste et un acte de violence, étendre

» les stipulations au-delà de ce qui est convenu et
» accordé. Aucune puissance maritime indépen-
» dante en Europe n'a, que je sache, accordé et re-
» connu le droit de faire visiter les navires de com-
» merce qui sont escortés par des vaisseaux de
» guerre neutres, et il est évident qu'elle ne pour-
» rait le tolérer sans avilir son pavillon et sans re-
» noncer à une partie essentielle de ses droits.

» Bien loin d'admettre cette prétention tout-à-
» fait nouvelle et inouïe, la majeure partie des
« puissances ont établi dans leurs conventions res-
» pectives un principe diamétralement opposé; et
» un grand nombre de traités en offrent des preu-
» ves irrécusables.

» La distinction des navires convoyés ou non
» convoyés est juste et naturelle, puisque les pre-
» miers ne peuvent pas être dans la même catégo-
» rie où se trouvent les seconds. Les visites qui
» s'exercent par les vaisseaux de guerre des puis-
» sances belligérantes à l'égard des bâtiments neu-
» tres qui naviguent sans convoi, sont fondées
» sur le droit de reconnaître le pavillon et d'exami-
» ner les papiers. Il ne s'agit pas de contester leur
» neutralité et la régularité de leur expédition. Si
» les papiers sont en règle, aucune visite posté-
» rieure ne peut avoir lieu légalement. C'est donc

» l'autorité qui a délivré les papiers dans la forme
» voulue qui a procuré aux puissances belligé-
» rantes la sûreté qu'on réclame. Le gouvernement
» neutre, en faisant convoyer par des vaisseaux de
» guerre les navires de commerce appartenant aux
» particuliers, n'offre-t-il pas une garantie plus
» grande et plus positive aux nations belligérantes
» que celles des simples documents dont sont
» pourvus les bâtiments? Ne serait-il pas déshono-
» rant d'autoriser des soupçons et des doutes qui
» sont également injustes de la part de celui qui
» les forme?

» Si l'on voulait faire prévaloir le principe que
» le convoi qu'accorde un gouvernement n'exempte
» pas les navires de commerce de la fâcheuse vi-
» site des vaisseaux de guerre, il en résulterait
» cette absurdité, qu'une escadre formidable n'au-
» rait pas le droit de soustraire les bâtiments con-
» fiés à sa protection à la visite du plus mince cor-
» saire patenté.

» On ne peut pas supposer, et avec raison, que le
» gouvernement anglais, qui s'est toujours montré
» à juste titre fort jaloux de l'honneur de son pa-
» villon, et qui, dans les guerres maritimes aux-
» quelles il n'a point pris part, a soutenu avec force
» les droits des neutres, souffrirait aujourd'hui in-

» différemment, si l'occasion s'en présentait, un
» semblable abus. Le roi de Danemark a trop de
» confiance dans la justice et dans la loyauté de
» S. M. Britannique pour croire qu'elle voulût
» s'arroger un droit que, dans les mêmes circon-
» stances, elle n'accorderait pas à toutes les autres
» puissances indépendantes. »

Ces dissentiments s'assoupirent pendant quelque temps, mais pour se renouveler après avec
une grande vivacité. Le 25 juillet 1800, un convoi
de six bâtiments danois, sous l'escorte de la frégate
la Freya, capitaine *Krobbe*, rencontra dans la Manche une escadre anglaise de six bâtiments de
guerre qui voulut le visiter. Le capitaine résista,
et une action s'engagea. *La Freya*, après un glorieux combat contre des forces si supérieures, finit
par amener son pavillon. Les Anglais la conduisi-
rent avec son convoi aux Dunes, où les bâtiments
furent visités : on n'y trouva pas de contrebande
de guerre.

Le ministre de Danemark prés la cour de Londres se plaignit de cette violence par sa note du
29 juillet, et démontra qu'on avait agi contre l'indépendance du Danemark et violé le droit sacré
des gens.

Lord Grenville, le 30 du même mois, répondit

dans des termes qui faisaient clairement apercevoir que le gouvernement anglais, à cette époque, avait résolu de soutenir une prétention que jusqu'alors il avait dissimulée. Non seulement la frégate et les six bâtiments de commerce ne furent pas relâchés, mais encore l'Angleterre demandait raison des outrages faits à sa dignité par le Danemark. Le ministre de cette nation se borna alors à demander simplement la restitution de la frégate et des six navires de commerce. Cela même fut refusé. L'Angleterre, pour donner plus d'importance à cette affaire, envoya tout à la fois lord *Whitworth* avec une mission extraordinaire à Copenhague, et l'amiral *Lixon* avec seize vaisseaux de guerre dans le *Sund*. L'envoyé entama des négociations qui durèrent du 12 au 29 août. Dans une première note, le ministre anglais demanda réparation pour le passé et sûreté pour l'avenir, de manière à empêcher le retour des outrages reçus. Il ajouta que tout bâtiment neutre qui se refuserait à subir la visite serait confiscable et deviendrait de *bonne prise*. Après bien des pourparlers, il était facile de prévoir que le Danemark, pris au dépourvu et non préparé à la guerre, céderait : il céda en effet, mais avec dignité. Il fut convenu que la question de droit, à savoir si les bâtiments neutres sous l'escorte de vaisseaux de guerre étaient obligés à la visite, serait renvoyée à une discussion ultérieure. La frégate et les bâtiments de commerce furent relâchés, et le Danemark promit de suspendre ses convois jusqu'à ce que des explications ultérieures eussent amené une déclaration ou une convention définitive sur le point contesté. Telles furent les dispositions de l'arrangement signé le 29 août 1800 entre le comte de Bernstorf et lord Witworth.

Cette convention cependant fut bien loin d'être définitive.

Le Danemark se tourna vers Paul Ier, empereur de toutes les Russies, lequel n'était pas en bonne intelligence avec le cabinet britannique. L'offense dont le Danemark se plaignait parut à l'empereur un attentat contre le droit des neutres et une injure à la Russie, qui s'en était déclarée protectrice. Il résolut de se proclamer l'arbitre de la mer Baltique, en faisant revivre la convention de la neutralité armée de 1780. Mais la Grande-Bretagne, qui alors avait dissimulé ses prétentions, était maintenant dans des circonstances bien différentes, puisque sa marine était supérieure à toutes les autres, et elle voulait garder la domination des mers, pour contre-balancer la prépondérance que la France avait acquise sur le continent.

Il est bon qu'on sache qu'antérieurement à ces faits, une seconde coalition, pendant le cours de la guerre, s'était formée contre la France. L'Angleterre et la Russie en avaient été les principaux instigateurs.

Au moment pourtant où la Russie allait faire marcher contre la France soixante mille hommes que l'Angleterre devait entretenir à ses frais, Paul Ier changea de plan, et déclara qu'au début de son règne, il n'était pas en position d'envoyer au-dehors une armée si nombreuse.

En 1798, eut lieu un événement dont l'Angleterre et l'Autriche avaient espéré inutilement la réalisation en 1796, c'est-à-dire l'occupation de Malte. Il apporta un changement notable aux principes universellement reconnus du droit maritime, puisqu'il seconda les vues de la puissance qui s'arrogeait le domaine de la mer, en faisant dépendre le droit de la force, tandis que la force doit être réglée par le droit.

Paul Ier avait un immense intérêt à rétablir dans son ancien éclat l'ordre de Malte, qu'il regardait comme le soutien des trônes et comme un contraste à opposer aux maximes dominantes du siècle ; il s'était donc engagé à entrer dans l'alliance formée contre la France, qui avait envahi le chef-lieu de l'Ordre, l'île de Malte (1).

Lui-même résolut de rétablir la bonne intelligence entre les cours de Vienne et de Berlin. Le prince de *Repnin* fut envoyé à Berlin et à Vienne pour cet objet. Une alliance fut conclue entre la Russie et l'Autriche. Peu de temps après, 60,000 Russes, divisés en trois colonnes, se mirent en marche vers le Danube. Le corps des émigrés français,

---

(1) L'empereur Paul Ier avait une prédilection marquée pour l'Ordre de Malte. En effet, parvenu au trône, il avait restitué à cet Ordre les rentes qui formaient le Grand-Prieuré de la Pologne, dont le chef-lieu était *Ostrog*. Ce Prieuré était passé sous le domaine russe en 1793. La rente en fut portée à 300,000 florins annuels par suite d'une convention stipulée, le 15 janvier 1797, entre le comte de *Begborodko* et le vice-chancelier *Kourakin*, intervenant pour l'Empereur et le bailli Litta. L'Empereur, dans l'art. 1er de la convention, déclara que par un sentiment de justice et par bienveillance et affection pour l'Ordre de Malte, il en confirmait à perpétuité l'établissement dans ses États. Les articles suivants fixèrent les rentes du Grand-Prieuré, de la Commanderie, les rétributions payables au trésor de l'Ordre, les dépenses de légation à Pétersbourg et d'autres détails concernant la stabilité et l'administration de l'Ordre.

En témoignage de reconnaissance, le Grand-Maitre et le Conseil de Malte nommèrent le bailli Litta ambassadeur en Russie, et le chargèrent d'offrir à l'Empereur le titre de Protecteur de l'Ordre et de lui donner la croix qu'avait portée le

commandé par le prince de Condé, qui avait passé
au service de l'Autriche jusqu'au traité de *Campo-
Formio*, s'étant mis à la disposition de l'empereur,
se réunit à l'armée russe sous les ordres du général *Souvaroff*. Celui-ci avait acquis un grand nom
dans la guerre contre la Turquie et dans la cam-
pagne de Pologne.

La Porte-Ottomane déclara aussi la guerre à la
France.

célèbre *Lavalette*. L'Empereur, le 20 novembre 1797, prit
solennellement le titre qui lui était offert, et, en 1798, en fit
donner avis par ses Ministres aux différentes Cours, en leur
déclarant qu'il regarderait comme un service personnel tout ce
qui se ferait pour le bien de l'Ordre.

Le 26 août 1798, *Ferdinand Hompesch*, successeur du défunt
grand-maître *Robau*, fut déclaré déchu de sa dignité, ainsi que
tous ceux qui avaient consenti à céder Malte à *Bonaparte*. Tous
les autres se mirent sous la protection de l'auguste souverain
Paul Ier. Celui-ci déclara formellement, le 10 septembre 1798,
qu'il prenait l'Ordre de Saint-Jean-de-Jérusalem sous sa suprême
direction, et promit de maintenir intacts son institution, ses
priviléges et ses honneurs, en employant tous les moyens nécessaires pour réintégrer l'Ordre dans l'état où il se trouvait
anciennement.

Cette déclaration fut si agréable au Grand-Prieuré de Russie
que, dans une réunion du 27 octobre, l'Empereur Paul Ier fut
déclaré grand-maître de l'Ordre. Ce souverain accepta solennellement cette dignité à Pétersbourg, le 31 novembre.

Le 29 novembre 1798, un traité d'alliance fut conclu entre la Russie et le roi des Deux-Siciles, qui promit un secours de troupes.

Un autre traité d'alliance fut entrepris par les ministres de la Russie et de la Grande-Bretagne résidant à Constantinople. On y stipula deux conventions, l'une avec la Russie, le 23 décembre 1798; l'autre avec la Grande-Bretagne, le 2 janvier 1799.

L'article 6 de ce traité réglait le salut que devaient se rendre les vaisseaux, les escadres et les frégates des deux nations en se rencontrant en pleine mer. L'article 10 porte : « Afin de rendre » plus utiles les secours que les deux nations se » préteront réciproquement, elles prendront de » concert les mesures convenables pour détruire » entièrement les projets pernicieux de l'ennemi » en *Égypte*, son commerce dans le *Levant* et dans » toute la *Méditerranée*. A cet effet, l'empereur » ottoman prendra non seulement toutes les pré- » cautions nécessaires pour interdire à l'ennemi » tous ses ports, sans aucune exception; mais il » mettra en mouvement toute son armée navale » pour agir de concert avec ses alliés dans les mers » ci-dessus indiquées. »

La coalition ainsi formée fut consolidée par l'alliance que contractèrent la Russie et la Grande-Bretagne le 29 décembre 1798.

Lord Grenville, qui s'était transporté à Berlin, engagea en vain ce gouvernement à accéder à la coalition.

Il est à supposer que Paul Ier avait conclu une autre convention particulière avec la Grande-Bretagne en sa qualité de grand-maître de l'Ordre de Malte (1).

En exécution des engagemens qu'elle avait contractés, la Russie, comme nous l'avons dit tout-à-l'heure, fit marcher son armée. Le 16 avril, le général *Souvaroff* arriva à Vérone et prit le commandement de l'armée alliée. Peu de temps après la bataille de *Novi*, *Souvaroff*, avec 29,000 Russes, abandonna l'Italie, et se porta en Suisse pour remplacer le corps autrichien qui était allé en Souabe. Le 24 septembre il arriva dans le *Tyrol*, le 26 à *Altorf*, et le 30 à *Glaris*, où, après avoir repoussé les Français qui voulaient arrêter sa marche, il apprit la défaite de *Korsacoff*, et à l'instant battit en retraite.

Vers la fin de l'année 1798, une flotte russe,

____

(1) Ce qui donne lieu à cette supposition, c'est que ladite convention fut citée à l'époque de la rupture des traités entre la Russie et la Grande-Bretagne, en 1800.

près de Constantinople, s'était réunie à une flotte turque pour chasser les Français de l'Adriatique. L'amiral russe *Uschakoff* en prit le commandement. Après s'être emparée des îles de *Cerigo*, de *Zante*, de *Céphalonie* et de *Sainte-Laure*, la même flotte occupa aussi *Corfou*, dernière possession des Vénitiens, qui était tombée sous la domination française. Elle fit voile ensuite vers *Otrante* et vers la *Pouille*.

La place d'*Ancône* était un point important pour les puissances coalisées ; elle était défendue par le général français *Monnier*. Le général *Frolich* l'assiégeait avec un corps d'armée composé de 7,000 Autrichiens, 900 Russes, 600 Turcs et 1,400 Napolitains. La place capitula le 29 novembre 1799.

Cette capitulation donna lieu à un refroidissement entre les cours de Vienne et de Russie, et porta Paul Ier à se retirer de la coalition. Les griefs de ce prince étaient, d'une part, qu'on avait stipulé dans l'acte de capitulation que la place serait remise aux Autrichiens sans qu'il ait été fait mention de la Russie, et de l'autre, que le général *Frolich* n'avait pas permis à l'amiral russe de s'emparer des bâtiments qui se trouvaient dans le port.

Toutes ces circonstances engagèrent Paul Ier à rappeler son armée en Russie. A la vérité, la cour de Vienne, pour lui donner satisfaction, lui offrit de faire traduire le général *Frolich* devant un conseil de guerre, et lui proposa de prendre possession de la place d'Ancône et de remettre au général russe le commandement de l'Italie. De telles propositions ébranlèrent si peu la ferme détermination de Paul Ier, que ce prince abandonna Prague, le 26 janvier 1800, avant son armée, pour retourner en Russie. Afin de mieux faire remarquer la résolution qu'il avait prise de ne plus se mêler des affaires contre la France, il congédia le corps d'émigrés français commandés par le prince de Condé, et qu'il avait d'abord pris à son service.

Le refus par l'Angleterre de restituer l'île de Malte à l'Ordre des chevaliers fut pour lui une autre cause de ressentiment. C'était une offense directe, qui le blessait dans son amour-propre, puisqu'il avait été déclaré protecteur et grand-maître de l'Ordre de Malte : aussi la Gazette de Saint-Pétersbourg, du 7 novembre 1800, annonça-t-elle l'embargo mis dans les ports de Russie sur les bâtiments anglais. Le 21 du même mois et le 3 décembre suivant, une note remise par les comtes *Rostopsin* et *Panin* déclarait que le commandant anglais, malgré les instances du ministre de Russie à Palerme et du roi des Deux-Siciles, avait voulu à toute force prendre possession de l'île de Malte au nom du roi de la Grande-Bretagne; qu'un pareil acte de mauvaise foi n'avait fait qu'accroître la colère de l'empereur de Russie, et qu'il était résolu à ne pas lever l'embargo mis sur les bâtiments anglais, avant que les stipulations de la convention de 1798 n'eussent sorti pleinement leur effet.

Un nouvel attentat avait augmenté encore plus le mécontentement des cours du Nord. Le 21 septembre 1800, deux bâtiments anglais, qui étaient dans les eaux de Barcelonne, appelèrent à obéissance un galion suédois qui y naviguait, sous prétexte d'examiner ses papiers. A peine se fut-il approché que les Anglais s'emparèrent de son gouvernail et embarquèrent dans l'intérieur du galion un grand nombre de leurs marins; puis ils obligèrent le capitaine *Rudbardt* à hisser le pavillon suédois sous le canon de Barcelonne, où le bâtiment pouvait séjourner librement à raison de sa neutralité. Au moyen de cette espèce de guet-apens, les Anglais, remorqués par quelques chaloupes armées, attaquèrent à l'improviste, pendant la nuit, deux navires de commerce chargés de riches marchandises et s'en rendirent maîtres.

Ce fait, éternellement honteux pour la marine anglaise, resta impuni. Le gouvernement espagnol fit entendre ses plaintes à la cour de Suède, et demanda que cette puissance concourût à réclamer la restitution des deux navires et le châtiment dû aux commandants anglais. Le cabinet suédois fit, en date du 22 octobre 1800, une réponse pleine de dignité, et promit d'adresser des réclamations à la cour de Londres. Plusieurs notes furent envoyées aux puissances au sujet de cet attentat : tout fut inutile. La Prusse prit part aux justes réclamations de l'Espagne et de la Suède, et voulut les seconder; mais un triste événement, arrivé en novembre 1800, força cette puissance à rompre toute relation avec la Grande-Bretagne.

Un bâtiment prussien, *l'Embden*, chargé de bois de construction pour *Amsterdam*, fut capturé dans les eaux du *Texel* par un vaisseau anglais. Le bois dont il s'agit fut considéré comme *contrebande de guerre*. Contrarié par le mauvais temps, et ne pouvant conduire le bâtiment prussien dans un port d'Angleterre, le vaisseau anglais fut contraint de se réfugier avec sa capture dans le port de *Cuxhaven*.

La Prusse demanda au magistrat de Hambourg, maître du port, de faire restituer le navire marchand injustementcapturé. Cette réclamation mit ce magistrat dans un grand embarras. Il se flatta de s'en tirer en achetant le navire pour le rendre au propriétaire. La dignité du roi ne lui permit pas de se contenter d'une semblable réparation. Il voulait détruire l'abus, et empêcher que les sujets prussiens fussent exposés à de telles vexations. Le 23 novembre 1800, il fit occuper militairement le bourg de *Ritzebuttel* et le port de *Cuxhaven*, qui en dépendait, en annonçant que le but de cette mesure était d'empêcher qu'on commît aux *bouches de l'Elbe* des actes contraires à la neutralité du nord de l'Allemagne, dont il était le protecteur.

Le comte *Karisfort*, ministre d'Angleterre près la cour de Berlin, se plaignit de cette détermination. Il lui fut répondu que la liberté du commerce et de la navigation dans le port de *Cuxhaven* ne serait troublée en rien, et que la correspondance avec la Grande-Bretagne ne souffrirait pas d'interruption. Le cabinet anglais, sur cette assurance, et par de puissants motifs de ménagements envers la Prusse, s'apaisa et s'abstint de toute réclamation ultérieure.

Cependant, l'empereur Paul Ier était continuellement sollicité par les cours du Nord de faire droit à leurs représentations, c'est-à-dire de renouveler la neutralité armée de 1780.

Les circonstances du moment semblaient différentes à ce souverain. Il se flattait que l'Angleterre,
en faveur des puissances du Nord, se désisterait
en partie de son système. Vaine espérance! Si l'Angleterre avait su garder le silence en 1780, il n'en
était plus ainsi dans ces derniers temps. Sa marine
était supérieure à toutes les autres, sa position
avait bien changé, et elle regardait sa suréma-
tie sur les mers comme indispensable pour balan-
cer la prépondérance de la France sur le continent.
Les cabinets de Copenhague et de Stockholm, voyant
jusqu'où en était venue l'animosité entre la Russie
et l'Angleterre, ne se dissimulèrent plus qu'il était
impossible de favoriser une alliance sans rompre
l'autre.

Le roi de Suède fut le premier à se décider. Il
arriva à Saint-Pétersbourg, le 11 décembre 1800,
pour établir avec l'empereur les bases d'une association projetée. Trois traités furent signés en effet; deux, en date du 16 décembre, dont l'un entre
la Russie et la Suède, et l'autre entre la Russie et
le Danemark; le troisième, en date du 18 du même
mois, entre la Russie et la Prusse. Comme les principes régulateurs de ces stipulations étaient uniformes, il se forma ainsi une quadruple alliance.
Le traité entre la Russie et la Suède fut ratifié le

20 décembre par le roi Gustave-Adolphe IV, qui était toujours à Saint-Pétersbourg. En voici le préambule :

« La liberté de la navigation et la sûreté du com-
» merce des puissances neutres ayant été com-
» promises, et les principes du droit des nations
» méconnus dans la présente guerre maritime,
» S. M. l'empereur de toutes les Russies et S. M. le
» roi de Suède, guidées par leur amour pour la jus-
» tice et par une égale sollicitude pour tout ce qui
» peut concourir à la prospérité publique dans
» leurs États, ont jugé convenable de donner une
» nouvelle sanction aux principes du droit des
» neutres. »

Par ce traité, les deux souverains déclarèrent vouloir tenir la main à la rigoureuse exécution, dans leurs États, des défenses portées contre le commerce de *contrebande* avec les nations qui seraient en guerre. Ils reconnurent pour objet de *contrebande* les canons, les mortiers, les pistolets, les bombes, les grenades, les balles, les fusils, les pierres à feu, les mèches, la poudre, le salpêtre, le soufre, les cuirasses, les piques, les épées, les ceinturons, les gibernes, les selles et les brides, et cela, sans préjudice des stipulations particulières contenues dans les traités conclus avec quelqu'une des puissances belligérantes.

Par l'article 3, les deux puissances énoncèrent les principes généraux du droit naturel qui règlent les droits des peuples neutres à l'égard de la liberté du commerce et de la navigation. Ces principes sont :

« 1° Que tout vaisseau peut naviguer librement » de port en port et sur les côtes des nations en » guerre ;

» 2° Que les effets appartenant aux sujets des- » dites puissances en guerre sont libres sur les vais- » seaux neutres, à l'exception des objets de con- » trebande ;

» 3° Qu'un port est regardé comme bloqué » quand son entrée est devenue réellement dange- » reuse par l'effet des dispositions prises par une » des puissances belligérantes au moyen de vais- » seaux de guerre se tenant toujours à proximité, » et qu'alors l'entrée du port n'est point permise » aux neutres ;

» 4° Que les vaisseaux neutres ne peuvent être » arrêtés que sur de justes causes et des faits évi- » dents ; qu'ils doivent être jugés sans retard et » d'après les voies légales ;

» 5° Que la déclaration de l'officier commandant

» le vaisseau ou les vaisseaux de guerre qui ac-
» compagneront des bâtiments marchands, que
» son convoi n'a à bord aucune marchandise de
» *contrebande*, doit suffire pour qu'il n'y ait lieu
» à aucune visite. Les capitaines des vaisseaux de
» guerre recevront les ordres les plus sévères
» pour empêcher le trafic des objets de *contre-*
» *bande*. Pour assurer l'exécution de ces disposi-
» tions, les deux souverains équiperont un nom-
» bre de vaisseaux et de frégates nécessaire à ce
» but (1). »

Les articles suivants jusqu'au neuvième règlent l'assistance mutuelle que doivent se prêter les deux puissances contractantes, et la satisfaction à exiger en cas de violation des principes sus-énoncés.

L'art. 10 disposait que les stipulations en question devaient être regardées comme permanentes pour toutes les guerres maritimes qui pourraient naître par la suite.

Par les articles 11 et 12, les deux parties contractantes furent d'avis que les puissances neutres

---

(1) Il faut remarquer qu'on établit aussi pour règle inviolable qu'un bâtiment, pour être regardé comme propriété du pays dont il porte le pavillon, doit avoir à son bord le capitaine du vaisseau et la moitié de l'équipage des gens du pays, et être pourvu d'expéditions en bonne forme.

pussent accéder à cette convention, et résolurent de porter à la connaissance des nations belligérantes les mesures concertées entre elles.

Le traité avec le Danemark fut semblable à celui de la Suède. On saura que ce second traité fut signé par le ministre de Danemark près la cour de Russie, M. *Niels Rossen-Krantz*, quatre mois après la conclusion d'une autre convention que son gouvernement avait stipulée avec l'Angleterre, et dans laquelle il renonçait expressément au droit de convoi. Dans le traité actuel avec la Russie, ce droit était reconnu en termes clairs et précis, contradictoirement aux clauses de la convention dont il s'agit. Partant, le Danemark se trouvait dans le plus grand embarras. S'il ratifiait le traité souscrit par son ministre, près la cour de Russie, il se mettait en hostilité ouverte avec l'Angleterre ; s'il refusait de le ratifier, il perdait l'occasion de revendiquer ses droits foulés aux pieds par cette puissance. Dans cette alternative, le Danemark aurait voulu accéder conditionnellement, en se réservant de maintenir les traités avec les autres puissances. La cour de Londres ne permit pas ce moyen terme, et le 27 décembre, M. *Drummond* se plaignant des négociations hostiles qui se suivaient contre les intérêts de la Grande-Bretagne, et qu'il savait être l'objet d'une grande sollicitude de la part du Danemark, demanda une réponse catégorique et satisfaisante sur la nature, l'objet et l'étendue des obligations que la cour de Copenhague avait contractées déjà, ou était sur le point de contracter.

Par une réponse à cette note, en date du 31 décembre, le comte de Bernstorf repoussa l'idée que le Danemark eût contracté des engagements hostiles à la Grande-Bretagne ou contraires à ceux qui avaient été pris par la convention du 29 août de la même année 1800. Il exposa aussi que l'abandon momentané et provisoire d'un principe n'avait certainement pas fait résoudre une question qui était demeurée toujours indécise, et que les déterminations concertées entre les puissances du Nord étaient parfaitement d'accord avec les principes généraux et permanents, qui, loin de compromettre la neutralité, n'avaient pour objet que de la confirmer davantage.

Le cabinet anglais, pour toute réponse à ces explications, envoya, le 14 janvier 1801, un ordre pressant de mettre embargo sur les bâtiments russes, danois et suédois. Lord Grenville notifia cette mesure, le lendemain 15, aux ministres de Suède et de Danemark, résidant à Londres. Il leur déclara en même temps que le nouveau code maritime, qui avait été sanctionné en 1780, était une innovation nuisible aux intérêts de la Grande-Bretagne, et à laquelle la Russie avait renoncé depuis par les obligations qu'elle avait contractées avec l'Angleterre dès le principe des hostilités. D'un autre côté, le ministre de la guerre, M. *Dunday*, envoya l'ordre de se rendre maître des îles danoises, dans les Indes occidentales, et fit armer une flotte destinée pour la Baltique.

Ces mesures rigoureuses embarrassèrena c o ur de Danemark : elle n'avait pas encore ratifié le traité du 16 décembre. L'empereur, mécontent de ce retard, avait rappelé son ministre de Copenhague. Le roi de Danemark, craignant de perdre la protection de la Russie, se hâta d'accéder sans condition à la neutralité du Nord par acte public du 27 février 1801.

Deux jours après la convention conclue entre la Russie, la Suède et le Danemark, c'est-à-dire le 18 décembre, un autre traité fut signé avec la Prusse.

Les trois premiers articles du traité avec cette dernière puissance sont conformes à ceux des stipulations contractées avec la Suède et le Danemark.

L'article 5 semble oublié ; on le retrouve cependant à la fin de la convention, comme article supplémentaire, et l'on y énonce les conditions nécessaires pour prouver à quelle nation appartient un bâtiment.

Les articles 6, 7 et 9 sont remplacés par un autre portant que l'empereur fera jouir le commerce et la navigation des sujets prussiens de la protection de ses flottes, et qu'une pareille protection leur sera en outre accordée de la part des flottes suédoise et danoise.

Bien qu'on n'ignorât pas à Londres la participation de la Prusse à la convention maritime, l'embargo ordonné le 14 janvier ne s'étendit pas aux bâtiments prussiens. L'Angleterre avait de puissants motifs de ne point rompre avec la Prusse. Celle-ci n'avait pas de colonies dans les Indes ; si on l'indisposait, elle pouvait occuper le Hanovre, et enlever au commerce britannique le seul endroit de dépôt de ses marchandises pour le continent. En conséquence, le langage tenu avec la Prusse fut à la fois pacifique et conciliant.

Lord *Karisfort*, feignant d'ignorer que la Prusse fût entrée dans la ligue du Nord, demanda au ministre si les bruits répandus à ce sujet étaient vrais ; et même, le 27 janvier, usant toujours de dissimulation, il en vint enfin à communiquer les notes reçues des deux cours de Suède et de Danemark, en entrant dans beaucoup de détails tendant à démontrer l'injustice du système des puissances du Nord. Il ajouta que la Grande-Bretagne ne se soumettrait jamais à des principes dont le maintien pouvait avoir des conséquences fâcheuses.

Dans une autre note du 1er février 1801, ce même lord *Karisfort* communiqua au ministre de Prusse la correspondance officielle qui avait eu lieu entre les cabinets d'Angleterre et de Russie, en faisant remarquer que cette dernière puissance ne pouvait plus être regardée comme une puissance neutre, puisqu'elle s'était mise en guerre ouverte contre la Grande-Bretagne, même avant de projeter la paix avec la France. Il terminait cette note en déclarant que le gouvernement anglais s'abstenait, en raison des circonstances où se trouvait l'Europe, de demander à S. M. le roi de Prusse les secours stipulés dans le traité d'alliance conclu entre les deux cours ; mais que l'Angleterre comptait bien recevoir de son allié toutes les preuves d'amitié que pourraient exiger les événements de la guerre.

Le ministre de Prusse répondit, le 12 février, avec beaucoup d'énergie. Il commençait par combattre l'assertion de lord *Karisfort,* que la ligue du Nord eût pour objet d'annuler les traités précédemment conclus avec l'Angleterre et de prendre des mesures contre elle. Il faisait connaître, en outre, l'impression fâcheuse qu'avaient produite sur son gouvernement les déterminations violentes prises par le cabinet anglais contre les puissances maritimes du Nord, et il s'attachait à démontrer que la conduite arbitraire de l'Angleterre en cette occasion tendait à soutenir des prétentions qui entraîneraient la ruine de toutes les puissances maritimes et commerciales.

« Le gouvernement britannique (disait-il) s'est
» arrogé dans la guerre présente, plus que dans
» toutes les autres, la suprématie des mers, et en
» se formant à son gré un code naval qui serait
» impossible à concilier avec les vrais principes du
» droit des gens, il exerce sur les autres nations
» amies ou neutres une juridiction usurpée dont il
» soutient la légitimité, et qu'il veut faire passer
» pour un droit imprescriptible, sanctionné par
» tous les tribunaux de l'Europe. Il n'est donc pas
» surprenant qu'après tant de vexations multi-
» pliées, les puissances neutres aient conçu le des-
» sein d'y chercher remède et d'établir, à cet effet,
» un concert bien ordonné qui fixât leurs droits, et

» qui les mît en règle avec les puissances belligé-
» rantes mêmes. »

Le même ministre déclara en outre que son souverain avait accédé à l'association maritime, parce
qu'il y avait retrouvé les vrais principes de l'équité
et de la justice ; que, malgré cela, il trouvait exa-
gérée la colère de la Russie, qui, en haine du gouvernement britannique, avait, par un décret impérial du 24 février, défendu le commerce des
marchandises russes qui se transportaient en Angleterre par l'intermédiaire de la Prusse. Cette détermination ne portait pas seulement préjudice au
commerce de la Russie, mais elle nuisait aussi à la
Prusse, qui, soit par terre ou par mer, faisait passer en Angleterre les marchandises et productions
russes, et qui, à raison de la prohibition pronon-
cée, perdait les bénéfices résultant du transport et
de la commission.

Cette note resta sans réponse. Sur ces entre-
faites, *Bonaparte*, qui tenait les rênes du gouvernement français, sut habilement profiter du désaccord existant entre l'Angleterre et l'empereur de
toutes les Russies ; il ne négligea rien pour ali-
menter l'animosité de la première et pour captiver
l'amitié du second : aussi les journaux français fai-
saient-ils continuellement l'éloge de l'empereur. On

caressait l'amour-propre de ce prince sous tous les rapports; les prisonniers russes furent rendus à leur patrie, libres et pourvus d'habillements aux frais de la France.

L'empereur, touché de tant d'égards, et indisposé contre la Grande-Bretagne, accueillit les instances de Bonaparte, et conclut la paix avec la France, le 4 octobre 1801.

Afin de suivre le cours historique des faits, il convient de rapporter la conduite tenue par la cour de Suède. Celle-ci, par le moyen de son ministre à Londres, communiqua une note dans laquelle elle se plaignit de l'embargo mis sur les bâtiments suédois qui se trouvaient dans les ports britanniques. Puis, pour justifier le traité conclu avec les puissances du Nord, elle fit observer que cet acte n'avait pour objet que le renouvellement des engagements pris en 1780 et 1781, engagements que l'Angleterre n'avait jamais déclarés contraires à ses droits. Cette assertion se trouvait corroborée par la convention intervenue en 1794 entre la Suède et le Danemark, laquelle n'était que la confirmation de celle de 1780, que l'Angleterre, pendant plusieurs années, depuis sa mise à exécution, n'avait jamais attaquée ni représentée comme contenant des dispositions hostiles. D'où la

note concluait qu'aussitôt que l'Angleterre aurait
rendu satisfaction du convoi arrêté en 1798, de la
violation du pavillon suédois devant Barcelonne,
et aurait levé l'embargo mis sur les bâtiments suédois, le gouvernement de Suède se ferait un plaisir
de rouvrir ses ports au commerce britannique; mais
qu'en attendant il avait fait mettre en séquestre les
bâtiments anglais mouillés dans ces mêmes ports.

Le nouveau ministre des affaires étrangères, lord
Hawkesbury, fit, le 6 mars, une courte réponse à
cette note, et déclara que le cabinet anglais regardait le traité du 16 décembre 1800 comme une
mesure hostile.

Pendant que la guerre se poursuivait et que les
puissances échangeaient des notes, les deux cours
de Suède et de Russie signèrent, le 13 mars 1801,
un second traité d'amitié, de commerce et de navigation. Il contient trente-six articles, et doit être
regardé comme le complément de celui du 16 décembre 1800. Les principes touchant la liberté du
commerce et le droit des neutres y sont confirmés
et beaucoup plus développés. Le salut en mer
entre les vaisseaux de guerre des deux puissances
y est aussi établi sur le pied d'une égalité parfaite.

De ces traités il résulte clairement que la justice

dirigeait toujours les actes de l'empereur Paul, toutes les fois que la violence de son caractère ne l'emportait pas. Dans cette circonstance, il renonça à cette suprématie universelle qu'avait voulu exercer Catherine II, et dont les amers résultats n'avaient été bien compris qu'à l'époque de la paix de *Wercle*.

En attendant, le Danemark n'avait pas usé de représailles relativement à l'embargo mis par l'Angleterre sur les bâtiments danois, ce qui faisait qu'il n'était point en guerre.

Durant ces troubles politiques, quelques frégates anglaises et des armateurs corsaires, poussés par l'avidité du gain, violèrent le territoire de la Norwège en entrant de vive force dans les ports de ce pays pour piller les bâtiments suédois qui s'y trouvaient, et en commettant toute sorte d'excès envers les sujets suédois et danois. Le ministre de Danemark, qui était toujours à Londres, présenta des réclamations portant sur deux points principaux; l'un était la punition des capitaines qui avaient commis les violences ci-dessus mentionnées; l'autre concernait la restitution des bâtiments. Le ministre anglais reconnut la légitimité de la première de ces demandes; mais, quant à la seconde, il chercha à éluder la question, prétextant qu'à raison du peu d'accord qui régnait entre les deux gouvernements, c'était une affaire dont la solution devait être ajournée à l'époque où tous les différends seraient terminés. Alors les tribunaux décideraient selon le droit des gens. Enfin, le 24 mars 1801, lord *Hawkesbury* annonça au ministre danois que le fait ayant été vérifié et trouvé conforme à l'énoncé de la note, la restitution des navires pris dans les ports de la Norwège avait été ordonnée sans qu'il fût besoin de recourir aux tribunaux.

C'est à cette époque que prit naissance l'idée du système qui se proposait de combattre les Anglais par l'anéantissement de leur commerce. Celui-ci détruit, toute supériorité sur mer aurait cessé. On imagina de fermer à l'Angleterre les ports où son commerce était le plus actif. Ceux de la mer du Nord avaient acquis un grand intérêt depuis que la Hollande avait disparu, pour ainsi dire, du monde commercial. Interdire aux Anglais l'*Elbe*, le *Weser*, c'était leur faire un mal immense. La Russie et le Danemark se mirent d'accord pour cette entreprise, et Paul Ier y concourut, sans bien calculer peut-être les intérêts de son empire.

Afin de mettre à exécution ce système, un corps de 12,000 Danois, sous le commandement du feld-maréchal prince *Charles de Hesse*, se mit aussitôt en marche pour *Pinneberg*. Le prince Charles fit savoir au sénat de Hambourg que ses troupes entreraient le lendemain dans la ville. Les habitants voulurent faire résistance, et le sénat eut peine à leur persuader de céder à la force. Les troupes danoises entrèrent effectivement dans la ville, prirent possession de ses portes et de ses remparts, et mirent embargo sur tous les navires destinés pour l'Angleterre. Toutes les marchandises anglaises furent confisquées. Le gouvernement britannique fut juste en n'usant pas de représailles contre les Hambourgeois, qui étaient étrangers à ces violences.

Le 5 avril, un autre corps de 3,000 Danois occupa *Lubeck*, et fit, dans la journée du 7, une tentative infructueuse pour s'emparer de *Rotzbourg*. Pendant que ces choses se passaient à l'embouchure de l'Elbe, le comte de *Schalenbourg* avait envoyé au ministre de Hanovre une déclaration de la Prusse, en date du 30 mars 1801. Cet acte politique, après avoir énoncé que pendant la guerre la Grande-Bretagne avait exercé des violences inouïes contre le commerce et la navigation des neutres, en mettant l'embargo sur les bâtiments des puissances maritimes du Nord ; qu'elle avait fait acte d'hostilité en rappelant son ministre de Copenhague ; qu'une flotte anglaise avait été dirigée sur la Baltique et sur les côtes du Danemark ; — portait que le roi de Prusse, pour protéger l'alliance contre les attaques dont elle était l'objet, se voyait forcé, non seulement de fermer les bouches de l'*Elbe*, du *Weser* et de l'*Ems*, mais aussi d'occuper en Allemagne les États appartenant au roi d'Angleterre.

Par suite de cette déclaration , une convention fut conclue le 3 avril par le ministre de Hanovre avec le comte de *Schalenbourg*.

Le gouvernement de Hanovre ne pouvant y mettre d'opposition (quelques uns disent par l'effet d'une convention secrète entre la Prusse et l'Angleterre, qui craignaient que les Français n'occupassent le même territoire), céda tout simplement. Le 4 avril 1801, 24,000 Prussiens prirent possession du Hanovre sans la moindre résistance. On s'engagea à n'altérer en rien l'administration et les lois du pays, à garantir même son ancienne constitution, la tranquillité et la sûreté des personnes. Malgré cette occupation, l'Angleterre ne mit pas embargo sur les bâtiments prussiens qui se trouvaient dans les ports britanniques. Une modération si opposée aux allures accoutumées de l'Angleterre corrobora d'autant mieux les soupçons à l'égard de l'existence d'une convention secrète.

Pendant ce temps-là la guerre avait commencé

dans le Nord. Une flotte anglaise de 45 voiles, sous le commandement des amiraux *Parker* et *Nelson*, était partie d'*Yarmouth*, le 12 mars 1801, pour la Baltique. Le Danemark avait pris toutes les mesures nécessaires à sa défense. Dès le 14 janvier, le roi avait ordonné une levée extraordinaire, composée de tous les hommes ayant moins de quarante-cinq ans. La brave nation danoise, qui avait tant et de si graves motifs de se plaindre des Anglais, répondit avec enthousiasme à l'appel de son souverain.

Le gouvernement britannique fit une dernière tentative pour détacher le Danemark de l'alliance russe. Il envoya M. *Vansittard* comme plénipotentiaire à Copenhague; celui-ci, de concert avec M. Drummond, chargé d'affaires près cette cour, fit au ministre danois des propositions qui ne furent jamais rendues publiques. Les efforts des diplomates anglais furent inutiles : la constance du cabinet danois fut inaltérable.

Le 18 mars, le roi fit un nouvel appel à la nation en l'excitant à la défense de la patrie. Les deux agents anglais partirent le 21, et se retirèrent près de la flotte, qui, en se dirigeant vers le Sund, arriva le 28 devant le château de *Cronborg*. L'amiral Parker annonça qu'il regarderait le premier coup de canon tiré du château comme une déclaration formelle de guerre. Cette menace était faite dans le moment même que la Grande-Bretagne venait de chasser les Danois des *Antilles*. Le 20 mars, l'amiral *Duckworlk* et le général *Frippe* avaient pris possession de l'île Saint-Barthélemy, appartenant à la Suède; le 24, de l'île Saint-Martin, appartenant à la France; le 28 et le 31, des îles Saint-Thomas, Saint-Jean et Sainte-Croix, appartenant au roi de Danemark. Ce ne fut que le 29 mars que le gouvernement danois, se prévalant du droit de représailles, mit l'embargo sur les bâtiments anglais. Malgré le feu du fort de Cronborg, la flotte anglaise, le 30 mars, força le passage du Sund, en longeant autant que possible la côte suédoise. La Suède, bien que son roi se fût transporté à *Helsingborg*, n'opposa aucun obstacle au passage de l'ennemi.

Les motifs de la conduite de la Suède en cette circonstance sont restés enveloppés dans les mystères de la politique. On soupçonne que Gustave IV, dans son séjour à Saint-Pétersbourg, avait tenté de rentrer en jouissance de la moitié du péage exigé pour passer le Sund, droit dont la Suède percevait autrefois une partie, et que, pour ne pas soulever de discussion à ce sujet, il avait été convenu qu'il s'abstiendrait de prendre part à la défense de ce détroit.

Le 2 avril 1801, une division de la flotte anglaise, sous les ordres de l'amiral *Nelson*, s'approcha de Copenhague. *Alfart Ficher*, commandant la flotte danoise, plus faible de moitié que la flotte anglaise, engagea l'action. Ce combat, dans lequel la marine du Danemark se couvrit de gloire, dura quatre heures : *Nelson* fut obligé d'abandonner trois vaisseaux sur lesquels il avait arboré son pavillon, et si la victoire lui resta, ce ne fut pas sans lui coûter une perte considérable.

Le 3 avril, on tenta de négocier un armistice. *Nelson* lui-même se rendit à Copenhague pour en presser la conclusion.

En effet, le 9 avril, on établit l'armistice suivant :

« Les vaisseaux armés du roi de Danemark de-
» meureront dans l'état où ils se trouvent, quant à
» leur armement, à leur équipage et à leur posi-
» tion.

» Le traité connu sous la dénomination de *neutra-
» lité armée* sera, relativement à la coopération du
» Danemark, suspendu aussi long-temps que l'ar-
» mistice restera en vigueur.

» Aucun vaisseau anglais n'approchera à la por-

» tée du canon des vaisseaux ou des forts danois,
» dans la rade de Copenhague.

» La durée de l'armistice sera de quatorze se-
» maines. »

Quatre jours après la conclusion de cette con-vention, l'amiral, avec 28 vaisseaux de ligne, fit voile pour *Carlscrona*, où il arriva le 19 avril. Il des manda au commandant du port de lui faire con-naître les dispositions de la cour de Suède relative-ment à l'abandon des entreprises hostiles qui avaient été projetées, de concert avec la Russie, contre les intérêts de la Grande-Bretagne. Le roi, qui se trouvait à *Carlscrona*, chargea lui-même le commandant de déclarer à l'amiral anglais qu'il était disposé à remplir fidèlement les engagements contractés avec ses alliés, et il est probable que, sur cette réponse, l'amiral Parker aurait commencé les hostilités contre la Suède, sans la nouvelle de la catastrophe qui était survenue à Pétersbourg, et qui donna aux affaires une autre direction.

Dans la nuit du 24 mars, Paul Ier avait cessé de vivre. Son successeur se hâta de faire savoir à l'a-miral Parker qu'il avait accepté la proposition que la Grande-Bretagne avait faite à son prédécesseur de terminer à l'amiable les différends qui avaient amené la guerre du nord de l'Europe ; que d'ailleurs, fidèle aux engagements contractés avec les cours de *Copenhague*, de *Berlin* et de *Stockholm*, il était décidé à agir de concert avec ses alliés pour tout ce qui avait rapport aux intérêts des puissances neutres.

Le comte de Pahlen, ministre des affaires étrangères, par l'intermédiaire de qui l'empereur avait fait faire la proposition ci-dessus énoncée, offrit à l'amiral de suspendre les hostilités jusqu'à la réception de nouvelles instructions de son gouvernement. La note relative à cette négociation fut remise, le 20 avril, à l'amiral Parker par M. *Lisoke-witsck*, ministre de Russie à Copenhague. La proposition d'une suspension d'armes fut acceptée.

Ainsi se termina la guerre du Nord. L'Angleterre accueillit les propositions de la Russie, et exigea que les choses, dans le nord de l'Allemagne, fussent remises sur le même pied où elles étaient avant les hostilités. L'empereur Alexandre écrivit en effet au roi de Prusse pour l'engager à retirer ses troupes du Hanovre et des bouches de l'Elbe et du Weser. La Prusse en agit de même avec le gouvernement danois, afin qu'il eût aussi à rappeler ses troupes de *Hambourg* et de *Lubeck*. Un accord fut conclu, le 7 mai 1801, à Hambourg, au quartier-général du prince de Hesse, sous la médiation du ministre de Prusse, entre la Grande-Bretagne et le Danemark. En conséquence de cet accord, auquel on avait donné la forme d'une déclaration réciproque, qui fut échangée entre le prince et le ministre britannique, M. *Crawford*, les troupes danoises évacuèrent Hambourg le 23 mai.

Les troupes prussiennes cependant ne quittèrent le Hanovre qu'après la ratification des préliminaires de paix entre la France et la Grande-Bretagne, c'est-à-dire le 1er octobre 1801. Cette circonstance confirma l'opinion que l'occupation du Hanovre avait été concertée entre le cabinet de Berlin et celui de Londres.

Le 18 mai, l'embargo mis en Russie sur les bâtiments anglais ayant été levé, l'Angleterre révoqua de même, le 4 juin, celui qu'elle avait mis sur les bâtiments russes. Cette réciprocité eut lieu également avec la Suède et le Danemark. Un congrès fut ouvert à Saint-Pétersbourg pour terminer définitivement les différends entre la Grande-Bretagne et les puissances du Nord touchant les droits des neutres par rapport au commerce. Le 17 juin 1801, la Russie et la Grande-Bretagne conclurent une convention qui établit les bases d'un nouveau code maritime.

Voici les principes adoptés à l'égard du commerce des neutres :

1° Les vaisseaux des puissances neutres peuvent naviguer librement aux ports et sur les côtes des nations en guerre.

2° Cette liberté ne s'étend pas à la contrebande de guerre.

3° Le pavillon ne couvre pas la marchandise, c'est-à-dire que la franchise du bâtiment ne s'étend pas sur les propriétés ennemies dont il est chargé.

4° Ne sont pas regardées comme propriétés ennemies les marchandises du produit du cru ou de la manufacture des pays en guerre, lorsqu'elles sont devenues la propriété des sujets des nations neutres.

5° Les marchandises de contrebande sont celles dont la nomenclature a été déterminée par les précédents traités, conformément aux stipulations du traité du 22 février 1797. Les deux puissances contractantes comprendront sous cette dénomination les armes, la poudre, le salpêtre, le soufre, les gibernes, les selles et les brides. Ne sont point qualifiés de contrebande les vivres et les bois de construction.

6° On regardera comme port bloqué celui où il y a, par la disposition de la puissance qui l'attaque avec des vaisseaux suffisamment proches , un danger évident d'entrer.

7° Les vaisseaux de la puissance neutre ne peuvent être arrêtés que sur de justes causes et des faits évidents. Ils seront jugés sans retard, et la procédure doit être uniforme, prompte et légale.

Une déclaration additionnelle , qui fut signée à Moscou le 20 octobre 1801, porta que les sujets des puissances neutres n'étaient pas autorisés à transporter directement les marchandises ou denrées des colonies possédées par les puissances belligérantes dans les possessions continentales, ni, *vice versâ*, de la métropole aux colonies ennemies. Il fut établi cependant que les sujets jouiraient, pour ce commerce, des mêmes avantages et facilités dont jouissaient les nations les plus favorisées, comme, par exemple, les États-Unis d'Amérique.

Les articles 4 et 5 de la convention du 17 juin admirent, en outre, relativement à la visite des navires marchands, les principes qui suivent :

1° Les bâtiments qui naviguent sous le convoi d'un vaisseau de guerre peuvent être visités par les vaisseaux de guerre d'une des puissances belligérantes, mais jamais par les bâtiments d'armateurs ou de sujets de ladite puissance.

2° Les propriétaires des navires marchands des-

tinés à aller sous convoi d'un vaisseau de guerre ,
sont tenus de produire au commandant leurs passeports et certificats dans la forme convenue par
le traité.

3° Lorsqu'un vaisseau de guerre ayant sous
son convoi des navires marchands sera rencontré
par un vaisseau de guerre d'une nation belligérante, on se tiendra, autant que possible, hors de
la portée du canon, et le commandant du vaisseau
de ladite puissance belligérante lui enverra une
chaloupe avec un officier, et il sera procédé de concert à la vérification des papiers et certificats qui
doivent constater, d'une part, que le vaisseau de
guerre neutre est autorisé à prendre sous son escorte tel navire chargé de telles marchandises et
dirigé pour tel port; de l'autre part, que le vaisseau de guerre de la partie belligérante appartient
à la flotte de son gouvernement.

4° Cette vérification faite, il n'y aura lieu à aucune visite si les papiers sont reconnus en règle, et
s'il n'existe aucun motif valable de suspicion. Dans
le cas contraire, le commandant du vaisseau de
guerre neutre doit arrêter et détenir son convoi
pendant le temps nécessaire pour la visite des bâtiments marchands, et il aura la faculté de déléguer

un ou plusieurs officiers pour assister à la visite desdits bâtiments.

5° S'il arrive, après cet examen, que le comman dant du vaisseau de la puissance en guerre ait des raisons graves et suffisantes pour détenir les bâtiments de commerce, afin de procéder à une recherche ultérieure, il notifiera cette intention au commandant du vaisseau de convoi, qui aura la faculté d'ordonner à un officier de rester à bord du navire ainsi détenu, et assister au jugement qui aura lieu dans le port le plus proche et le plus convenable, appartenant à la puissance belligérante.

6° Si quelque navire marchand était détenu sans une cause juste et suffisante, le commandant du vaisseau de la puissance belligérante sera tenu de compenser et indemniser toutes les pertes et dépenses occasionnées par une telle détention, et subira, en outre, une punition pour tout acte de violence ou de fraude qu'il aurait commis.

Par l'article 6 de ladite convention, il fut entendu que les dédommagements dus aux propriétaires d'un navire injustement détenu seraient fixés d'après un règlement particulier (1).

L'article 7 stipula qu'un bâtiment, pour être re

(1) Ce règlement fut arrêté par lord *Saint-Helens*, le vice-

gardé comme propriété du pays dont il porte le pavillon, devait avoir à son bord le capitaine et la moitié de l'équipage du même pays, et les papiers et les passeports en bonne et due forme.

Enfin, il fut arrêté que les rois de Suède et de Danemark seraient invités par l'empereur de Russie à accéder à ladite convention, et, en même temps, à renouveler leurs traités de commerce avec la Grande-Bretagne. Celle-ci, d'un autre côté, s'engageait, moyennant les actes qui auraient constaté cet accord, à restituer à l'une et à l'autre de ces puissances les prises qui avaient été faites et les pays de leur domination qui avaient été conquis par les armes anglaises.

Deux autres articles sont annexés à cette convention. Le premier établit un armistice de trois mois entre la Grande-Bretagne et les deux puissances du Nord ci-dessus nommées; le second confirme de nouveau le traité de commerce conclu, le 27 février 1797, entre l'Angleterre et la Russie.

Par les stipulations qui précèdent, la Grande-Bre-

chancelier prince de *Kourakin* et le comte de *Kotschoubey*, ministre des affaires étrangères de Russie. Ils signèrent également une convention particulière (comme nous l'avons dit) à Moscou, le 20 octobre 1801.

tagne ne fit qu'une légère concession, qui fut celle du *blocus sur le papier*, c'est-à-dire qu'elle renonça en quelque façon à une prétention des plus injustes. Elle obtint en revanche la reconnaissance de deux principes très importants pour elle, à savoir : 1° que le pavillon ne couvre pas la marchandise; 2° que la visite peut s'exercer même sur les bâtiments convoyés. Nous avons démontré combien ces principes sont en contradiction avec le droit maritime et le grave préjudice qu'ils portent aux neutres.

La nouvelle de ce traité excita un très grand mécontentement, aussi bien en Suède qu'en Danemark. C'était inutilement qu'avait coulé le sang de tant de braves Danois pour le maintien d'un principe que la Russie même avait proclamé en face de toute l'Europe, et que, par sa prépondérance, elle avait forcé, pour ainsi dire, les deux puissances de la Baltique à défendre les armes à la main. Il ne faut donc pas s'étonner si ces deux puissances tardèrent à accéder au traité du 17 juin.

Le Danemark n'y adhéra qu'à son corps défendant. Le comte de *Bernstorff* se rendit en personne à Londres pour tâcher d'obtenir quelque modification à ce traité, ou bien quelque indemnité pour les nombreux sacrifices qu'avait supportés son gouvernement. Mais il était facile de prévoir que le Danemark, abandonné par la Russie, n'obtiendrait rien d'un cabinet, froid calculateur de ses uniques intérêts. D'autre part, la Grande-Bretagne voyait avec indifférence le retard de cette adhésion, puisqu'elle continuait à occuper les colonies danoises, dans lesquelles elle exerçait un pouvoir arbitraire. Ce fut là, sans doute, le motif principal qui porta la cour de Copenhague à céder : aussi, obéissant à l'empire des circonstances, donna-t-elle son adhésion à la convention du 17 juin, et aux articles additionnels datés de Moscou. L'acte d'accession eut lieu dans cette même ville, le 23 octobre 1801, et fut signé par le comte *Dariskiold-Lœvendahl*.

L'accession de la Suède fut beaucoup plus tardive. Ce ne fut qu'au mois de mars 1802 que le baron de *Stedingh* signa à Saint-Pétersbourg la convention par laquelle la cour de Suède se déclarait partie contractante du traité du 17 juin et des articles additionnels du 20 octobre 1801.

Comme les objets de contrebande portés dans le traité du 21 octobre 1661 entre la Suède et la Grande-Bretagne différaient beaucoup de ceux compris dans la convention du 17 juin, il en résultait une contradiction qui aurait pu donner lieu à de nouvelles contestations. Mais les hostilités ayant recommencé dans le mois de mai 1803 entre la France et l'Angleterre, celle-ci jugea de son intérêt de terminer à l'amiable ses différends avec la Suède. Le baron de *Silverkjelm*, ministre de cette puissance, et lord *Hawkesbury*, directeur d'État des affaires étrangères en Angleterre, réglèrent les articles de contrebande par une convention particulière qui fut signée à Londres le 25 juillet 1803.

Cette convention ajouta à la liste des objets de contrebande : l'argent monnayé, les troupes, les chevaux nécessaires aux armées, les vaisseaux de guerre. De plus, il fut établi que les bâtiments de croisière des puissances belligérantes auraient le droit de détenir les bâtiments des puissances neutres qui iraient dans les ports ennemis avec des cargaisons composées de provisions, de poix, de résine, de goudron, de chanvre, et en général de tous les objets non manufacturés et nécessaires pour équiper et installer des navires. Dans le cas où la cargaison aurait été transportée par un bâtiment de puissance neutre et se serait trouvée composée de produits du cru appartenant aux sujets de ladite puissance, la partie belligérante se réservait le droit de l'acheter, à la condition de payer un bénéfice de 10 pour cent sur le prix de facture du chargement fidèlement déclaré. Le prix devait être fixé, soit d'après le cours de Suède ou d'après celui d'Angleterre, au choix du propriétaire des marchandises, et cela, outre une indemnité pour la détention et les dépenses qui s'en seraient suivies. De plus, s'il arrivait que la cargaison fût en route avec une destination déclarée pour un port neutre, et qu'elle fût détenue sur le soupçon d'être dirigée sur un port ennemi, alors on devait prendre d'exactes informations, et s'il était reconnu que la détention fût mal fondée, une indemnité proportionnelle devait être payée au propriétaire de la cargaison. Cela devait avoir lieu toutes les fois que la puissance belligérante ne préférerait pas faire l'acquisition du chargement; auquel cas, elle devait payer le prix entier qu'on en aurait retiré dans le port neutre pour lequel il était destiné, indépendamment d'une compensation pour les dépenses occasionnées par la détention.

Avant de passer outre dans l'histoire des traités, qu'on nous permette une courte observation de droit. C'est un principe invariable de droit politique que les hostilités rompent, annulent tous les traités, tous les engagements antérieurs. En conséquence de ce principe, lorsque deux nations rentrent dans l'état de paix, on doit regarder comme une formalité nécessaire le renouvellement des anciennes stipulations, autrement elles sont considérées comme annulées de fait, et toutes les concessions précédentes demeurent non avenues. La France, dans le traité d'Amiens qu'elle conclut avec l'Angleterre, négligea imprudemment cette formalité qui était indispensable. Elle ne renouvela point les traités antérieurs de 1713 et de 1783; il en résulta que le droit maritime établi par l'Angleterre, et qui avait prévalu dans la dernière guerre à laquelle le traité d'Amiens mettait un terme, resta en vigueur. Comme nous l'avons observé plus haut, le traité de navigation et de commerce signé à *Utrecht,* entre la France et la Grande-Bretagne, avait consacré le principe de la liberté du commerce, en reconnaissant que le pavillon couvre la marchandise; toutes les conventions postérieures jusqu'à la paix de Paris, en 1783, furent conformes à ce traité. Le silence gardé par la France dans celui d'Amiens sur les stipulations précécédentes fit rentrer la Grande-Bretagne dans son ancien droit à l'égard de la France; il s'ensuivit que le traité d'*Utrecht* fut déclaré comme une exception non rappelée en vigueur, et que l'Angleterre reconnut le principe du consulat de la mer, en vertu duquel la marchandise ennemie n'est pas à couvert, lors même qu'elle se trouve sous pavillon neutre. Ce principe était si important pour l'Angleterre, que pour le soutenir, elle résolut de se mettre en guerre avec les puissances du Nord plutôt que d'y renoncer.

Il est vraiment déplorable pour l'humanité d'être sans cesse soumise à un système imaginé dans des temps de barbarie, et qui, alors qu'il avait été annulé, a été remis en vigueur comme autrefois par les nations même qui se croient dans la voie du progrès, et se prétendent à la tête de la civilisation.

C'est avec une vive satisfaction que nous avons vu que la France et la république du *Texas* ont contracté un traité de commerce dans lequel deux principes fort sages ont été adoptés.

Le premier est que, si l'une des deux parties contractantes vient à se trouver en guerre avec une autre puissance, l'autre partie contractante défendra à ses nationaux de prendre des lettres de marque préjudiciables au commerce de la puissance alliée; le second est l'approbation donnée par les contractants au principe que le pavillon couvre la marchandise. Nous nous plaisons à penser que de si sages principes seront universellement adoptés et suivis.

§ III.

Récapitulation des principes naissant de la Neutralité et des traités concernant le Pavillon.

Il est hors de doute que manquer au respect dû aux pavillons neutres, arrêter en pleine mer les navires pour les conduire dans les ports ennemis, en les séquestrant et en ne les relâchant qu'après avoir confisqué leurs marchandises, et cela, sous prétexte qu'elles sont des productions industrielles appartenant aux États belligérants ; il est hors de doute, disons-nous, que ce sont là autant d'actes injustes qui violent ouvertement le droit des gens et toutes les lois de l'équité.

Du moment que le pavillon est neutre, et que la cargaison placée sur un bâtiment n'est point contrebande de guerre, on ne peut reconnaître à personne la faculté de rechercher si la marchandise qui se trouve à bord appartient ou non à des neutres, si elle est reçue par les négociants d'un État belligérant à titre de commission ou pour leur propre compte. On doit regarder comme très malheureuse la position des neutres, quand leur pavillon ne couvre pas les marchandises chargées sur les navires. Ils sont dans une anxiété continuelle, puisqu'ils ont à craindre à tout moment que les nations belligérantes viennent à transgresser les égards dus à leur pavillon en contestant la propriété des chargements. Il arrive de là qu'une nation, au lieu de recueillir le fruit d'un état tout pacifique, au lieu d'exercer en sûreté son commerce et son industrie, est forcée de ne point naviguer pour éviter la ruine et l'oppression. Dans une telle situation, la piraterie tient lieu de la guerre, et la force remplace seule la justice; les navires neutres restent enfermés dans leurs ports pour ne pas être exposés à rencontrer des pirates et des oppresseurs qui les dépouilleraient de leurs propriétés.

Si la neutralité est, à n'en pas douter, l'état tranquille et pacifique d'une nation avec celles qui sont en guerre, la nation neutre ne doit éprouver aucun obstacle touchant le libre exercice de la navigation et du commerce sur toutes les mers, dans les ports neutres comme dans les ports ouverts des puissances belligérantes. L'avantage que ces dernières retirent accidentellement du commerce des neutres n'est pas une raison suffisante pour l'empêcher et pour renverser ainsi d'une manière directe les principes du droit maritime. Ce serait une absurdité de prétendre que les neutres doivent renoncer à un avantage direct par le motif que les habitants d'une nation en guerre y sont indirectement intéressés.

Quand les peuples neutres s'abstiennent de favoriser des puissances en guerre, ils peuvent continuer à demeurer dans l'état politique et commercial dans lequel ils se trouvaient avant la guerre ; en un mot, ils continuent à jouir de leurs droits. On doit mettre au premier rang la faculté d'exercer le commerce avec le monde entier, quand il a pour but le trafic et l'industrie, comme dans les temps de paix et au gré de ses intérêts. On ne peut pas faire un crime à une nation des avantages qu'elle se procure aux dépens des nations belligérantes ; ce serait une extravagance et une injustice. La nation neutre n'est pas la cause du mal que la guerre fait au commerce des belligérants. La conséquence d'une action juste est permise, et ne doit pas être un motif pour l'empêcher, soit directement ou indirectement. Celui qui, en observant la distance voulue, creuse un fossé dans son terrain, ne fait de tort à personne.

Le droit le plus important et le plus précieux des neutres est celui de conduire leurs bâtiments couverts par leur propre pavillon au milieu des flottes belligérantes, dans toutes les mers, dans tous les ports et dans toute ville maritime qui n'est ni bloquée ni formellement assiégée, sans que leur commerce et leur navigation soient nullement troublés.

La mer est commune à tous les peuples, à toutes les nations. Tous peuvent en user, pourvu que l'usage en soit restreint dans de justes bornes.

Dans les derniers temps, la plupart des puissances donnèrent des exemples de justice en admettant la liberté de la navigation et du commerce des neutres en temps de guerre (1). De tels principes de droit naturel et des gens n'ont pas besoin de démonstration : ils sont manifestes et indépendants de la conduite juste ou injuste de toute puissance humaine. Les opinions erronées de ceux qui les connaissent mal ou qui feignent de ne pas les connaitre, de ceux qui les violent et les enfreignent, parce qu'il convient à leurs intéréts de s'en affranchir, diminuent-elles pour cela leur autorité et les rendent-elles moins obligatoires?

La fameuse Élisabeth, en s'opposant aux préten-

______

(1) C'est ce que nous avons clairement exposé dans le paragraphe de l'histoire des traités.

tions des Flamands qui réclamaient la liberté du commerce, même pour les munitions de guerre, ne pensa jamais qu'on eût la faculté d'arrêter les navires chargés de marchandises permises. Son adhésion à la demande ci-dessus énoncée ne fut que l'observation de la maxime, que le commerce des neutres avec les belligérants est libre. *Selden* rapporte que les villes anséatiques demandèrent à exercer avec leurs bâtiments toute espèce de commerce, même celui des armes. Il est d'avis que ce commerce doit aussi être permis toutes les fois qu'il est la principale branche d'industrie de la nation qui fournit indistinctement les armes à toutes les puissances belligérantes. D'après les mêmes principes, cet auteur admet implicitement que tous les peuples neutres ont le libre usage des mers pour l'exercice du commerce.

Ces principes posés, on ne peut contester cette maxime du droit des gens, que les puissances neutres peuvent commercer librement avec les nations belligérantes comme elles le faisaient en temps de paix, à la condition de ne se mêler sous aucun rapport des affaires de la guerre.

Par suite, la maxime contraire est détestable en ce qu'elle tend à rendre la condition des neutres pire que celle des belligérants. Ceux-ci ne peuvent prétendre qu'à l'exercice des droits que concéde l'état de guerre. Vouloir restreindre certains droits au moyen de principes absurdes, et priver les neutres de pourvoir à leur prospérité et à leur conservation, c'est les contraindre à abandonner l'état de neutralité pour entreprendre la défense de leurs droits naturels.

Il résulte des mêmes principes cette autre conséquence, que le pavillon neutre couvre indistinctement les marchandises, pourvu qu'elles ne soient pas contrebande de guerre. Le commerce des neutres étant libre (ainsi que nous l'avons dit plus haut), de même que celui qui s'exerce par commission, il s'ensuit que les bâtiments libres rendent libres les effets dont ils sont chargés. Tout le monde convient que les objets trouvés dans un lieu neutre, lors même qu'ils seraient de contrebande de guerre, sont à couvert de toute insulte de l'ennemi. On s'accorde communément à reconnaître qu'un ennemi ne peut attaquer son adversaire ni s'emparer de quoi que ce soit en pays neutre. Il est aussi hors de doute que les bâtiments neutres sont considérés comme lieux neutres, et conséquemment, quand bien même ces bâtiments seraient chargés de marchandises ennemies, les parties belligérantes n'ont pas le droit de les molester

pour cause de leur cargaison. Enlever des marchandises d'un bâtiment neutre est tout autant que
de les enlever d'un territoire neutre, et c'est pour
cela que le pavillon neutre couvre les marchandises de quelque nature qu'elles soient et à quelque
nation qu'elles appartiennent, pourvu qu'elles ne
soient pas de celles qui sont réputées de contrebande de guerre. Ce principe est incontestable, non
seulement par lui-même, comme nous l'avons démontré plus d'une fois, mais aussi parce qu'il est
devenu une règle de droit international, adoptée
dans un grand nombre d traités.

Si l'orgueil et la prépondérance des plus forts
donnèrent accès à l'usage barbare de ne point respecter les pavillons neutres (1), cette prétention
occasionna des contestations infinies, des arme-
ments de flottes, des hostilités, des haines et des

(1) Louis **XIV** (consultez l'histoire des traités) se voyant une
marine formidable, pensa être devenu le maître absolu des
mers, et publia l'ordonnance de 1681, où, au mépris des traités conclus, il établit, à l'art. 7, que le pavillon ne couvre pas
la marchandise et que le pavillon ennemi rend ennemie la
marchandise. L'Angleterre, devenue également la plus forte
puissance maritime, prétendit exercer une domination universelle sur les mers, en ôtant aux autres nations la liberté de
naviguer. C'était pour soumettre les autres peuples à son commerce, à son industrie, et à la force de sa marine.

antipathies parmi un grand nombre de peuples.
Aujourd'hui qu'une longue paix a permis à plusieurs nations de se former des flottes imposantes,
et que les progrès de l'art se généralisent, il n'est
plus donné à une seule puissance de se croire en
état d'imposer sa loi aux autres.

Outre cela, il répugne à la civilisation moderne
de constater encore l'existence de principes contraires au droit des gens, au droit naturel et au
droit conventionnel. Les gouvernements, pour
faire disparaître de telles monstruosités et pour
agir conformément aux principes du bien de l'humanité, qu'on proclame partout, devraient se réunir de bonne foi, et sanctionner comme règle générale la liberté des mers et l'inviolabilité du pavillon.
Si cela avait lieu, la paix ferait ressentir ses effets
bienfaisants au commerce, et la guerre n'afflige-
rait pas les peuples de tous les maux qu'elle en-
traîne à sa suite. Quand le pavillon couvre la cargaison, les marchandises sont transportées librement et sûrement à leur destination; les troubles
de la guerre agitent moins les peuples, et le mal
est en partie adouci.

CHAPITRE VI.

Contrebande de Guerre.

En traçant l'histoire des traités dans le deuxième paragraphe du chapitre précédent, nous avons plusieurs fois parlé de la contrebande de guerre, mais d'une manière générale, et nous avons dit comment elle avait été définie dans les différentes stipulations. Il est nécessaire maintenant d'examiner cet objet d'une manière spéciale, et, afin de s'en faire une idée exacte, de spécifier les marchandises comprises sous la dénomination de contrebande de guerre, en discutant la question de savoir si le pavillon couvre ou non de telles marchandises.

Pour mettre un terme aux débats interminables sur le commerce entre les neutres et les belligérants, et après une longue et opiniâtre controverse, les écrivains en matière de droit public se sont accordés sur la doctrine suivante, qui a prévalu :

Que les neutres peuvent exercer librement leur commerce; que cette liberté ne souffre de restriction qu'à l'égard des marchandises dites de *contrebande de guerre*; que cette restriction au commerce des neutres s'étend aussi aux villes, aux places fortes, aux armées investies ou bloquées par l'ennemi, avec le dessein de les réduire par la famine.

En conséquence de cette doctrine, on a distingué les marchandises ordinaires de celles dites de *contrebande de guerre*. Les premières n'ont aucun rapport avec la guerre, et sont entièrement et librement acquises au commerce des neutres; les secondes ont un rapport direct avec la guerre, et sont divisées en deux classes par les publicistes. Dans la première, sont comprises les munitions de guerre et de bouche, c'est-à-dire les marchandises destinées pour un port, une place forte, ou pour un lieu quelconque assiégé, bloqué et réellement investi. A cette catégorie appartiennent les troupes, les recrues, les marins pour le service des puissances belligérantes, les navires et bâtiments quelconques de transport destinés pour une expédition militaire; les bâtiments de guerre construits dans les ports neutres pour le compte et le service des parties belligérantes et dirigés sur leurs États; les armes offensives et défensives, la poudre,

les balles, le bois de charpente et tous les objets
qui servent à la construction et à l'armement des
vaisseaux ; les chevaux, les mulets et les vivres en
cas de siége ou de blocus.

Dans la seconde classe sont compris le fer, le
chanvre, la poix, les agrès, l'argent et toutes
autres choses sans lesquelles on ne pourrait continuer la guerre, et qui sont expédiées pour l'u-
sage et le service des places, escadres et armées
ennemies.

Si les objets ci-dessus dénommés se trouvent à
bord d'un bâtiment neutre dirigé sur une puissance
en guerre, et s'ils sont chargés pour le compte et
l'usage de cette puissance, ce qui peut ressortir
facilement de la vérification des papiers du bord,
en ce cas ils peuvent être pris et confisqués. Il faut
pourtant que cela arrive en pleine mer. Ce serait
non seulement un acte illicite, mais criminel, et
qu'on pourrait qualifier de piraterie, que la prise
et la confiscation de ces objets, non pas en mer,
mais dans les ports, dans les baies et sous le canon
d'une puissance neutre. Visiter seulement les navires en semblables lieux serait une faute ; les
prendre, un délit. Aucun prétexte ne rend excusa-
ble la violation de la juridiction d'autrui.

Qu'on observe que, lors même que les marchandises seraient de guerre, il n'est pas juste de les saisir, si elles ne sont pas destinées à l'usage des parties belligérantes, ni acquises par elles; en les saisissant, on lèse les droits des propriétaires neutres, et on ôte aux nations neutres la faculté d'exercer le commerce avec toutes les autres. Ces droits sont sacrés et inviolables.

Les gouvernements ont continué de spécifier dans leurs traités les articles qui sont compris sous le nom de *contrebande de guerre*. Ces traités ont force de loi dans les circonstances de guerre. A l'appui de ce fait, il est nécessaire de citer quelques exemples.

Le traité de 1742 entre le Danemark et la France, et celui du 18 juillet 1748 entre la première de ces puissances et l'Espagne, sont semblables. On y spécifie les articles de contrebande qui, entre ces nations, sont rigoureusement de droit, parce qu'ils ont été convenus. Dans les articles 26 et 27, on en fait l'énumération; ce sont les armes à feu et d'autres sortes d'armes avec leurs assortiments respectifs, les canons, les mousquets, les mortiers, les bombes, les grenades, les affûts et la poudre.

Dans ces deux conventions, comme dans d'autres, ne sont pas comprises les céréales ou autres provisions de bouche. Il est vrai que la reine Élisabeth, en 1597, n'avait pas voulu permettre au Danemark ni à la Pologne de transporter des vivres en Espagne, se fondant sur le principe qu'en temps de guerre il est permis d'affamer l'ennemi pour l'obliger à demander la paix.

Pour les nations qui n'ont point de traités de commerce et de navigation où les articles de contrebande soient spécifiés, il est nécessaire qu'elles soient modérées dans leurs déclarations, puisqu'il n'est pas juste que les neutres souffrent dans leur commerce. Ainsi, on ne doit comprendre dans la catégorie des marchandises de guerre que celles seulement qui ont pour objet l'action offensive. Quand on dépasse cette borne, la prétention qui, de la part des belligérants, devient onéreuse aux neutres, est immodérée. On doit un éloge éternel à la sagesse des principes établis dans le traité de commerce du 10 septembre 1785, conclu à La Haye entre la Prusse et les États-Unis du Nord de l'Amérique. L'article 13 en est ainsi conçu :

« Dans le cas où l'une des parties contractantes
» se trouverait en guerre avec une autre puissance,
» il a été convenu que, pour prévenir les difficul-
» tés et les discussions qui surviennent ordinaire-
» ment par rapport aux marchandises ci-devant

» appelées de contrebande , telles qu'armes, mu-
» nitions et autres provisions de toute espèce , au-
» cun de ces articles chargés à bord des navires
» des citoyens des deux nations contractantes et
» destinés pour l'ennemi, ne sera censé de contre-
» bande, au point d'impliquer confiscation ou con-
» damnation. Néanmoins , il sera permis d'arrêter
» ces sortes de bâtiments et effets, et de les retenir
» pendant tout le temps nécessaire pour prévenir
» les inconvénients et les dommages qui pourraient
» résulter si lesdits objets parvenaient à leur desti-
» nation : mais, dans ce cas, on accordera une com-
» pensation proportionnée à la perte qui aurait été
» occasionnée par la saisie; et il sera permis, en
» outre, aux preneurs d'employer à leur service ,
» en tout ou en partie, les munitions détenues,
» en en payant aux propriétaires la pleine valeur,
» à déterminer sur le prix qui aura cours à l'endroit
» de leur destination. Si le maître du navire con-
» sent à vendre les marchandises, le navire ne
» sera plus amené dans le port ni détenu, et il aura
» toute liberté de poursuivre sa course. »

Revenant au principe que les puissances belligérantes ne doivent pas établir dans leurs déclarations de conditions onéreuses aux neutres, il

s'ensuit que, dans les conventions de neutralité, on doit déterminer clairement et équitablement ce qui est permis aux neutres et ce qui leur est défendu. On doit pour cela avoir toujours présent que l'état de neutralité est une continuation de l'état précédent.

Ces principes posés, il résulte que si le commerce des objets dits de *contrebande de guerre* est d'un grand avantage pour une nation neutre, on ne peut certainement pas exiger d'elle un sacrifice absolu. Qu'on se figure que, soit par la disposition physique de son climat, soit par la nature de son industrie, une nation, en temps de paix comme en temps de guerre, retire sa subsistance et sa richesse du commerce des articles qui appartiennent à la classe de ceux de contrebande, comme le fer, le soufre, le salpêtre, les bois de construction; supposez qu'elle cultive une grande quantité de chanvre, qu'elle possède de nombreuses manufactures d'armes, certainement cette nation ne pourra être privée de la vente de ses produits naturels et industriels pour l'avantage des parties belligérantes. Dans ce cas, les puissances en guerre doivent se contenter de la seule impartialité de la vente et du commerce de la nation neutre. Celle-ci, en effet, en exerçant un trafic impartial et sans dessein de nuire à aucune des parties belligérantes, peut continuer l'exercice de son commerce comme avant la guerre, et les belligérants n'ont pas le droit de s'en plaindre. Si donc il arrive, par un cas quelconque, qu'un navire chargé de semblables objets soit arrêté, le preneur doit être tenu à compenser les pertes occasionnées par la saisie et la détention.

S'abstenir de délivrer des objets de contrebande aux belligérants n'est pas un devoir rigoureux pour les neutres qui ne l'ont point promis. Ce n'est que lorsqu'une stipulation expresse existe dans un traité qu'il faut exécuter la convention. Le principe d'équité veut qu'on ne puisse prétendre à une prohibition rigoureuse, quand elle est ruineuse pour les nations neutres.

Qu'on se rappelle la sage mesure de *Pierre-Léopold*, grand-duc de Toscane, lors de la guerre qui éclata sous son règne. Il défendit à ses sujets d'y participer par des moyens directs et immédiats, mais il voulut que ses ports restassent dans le même état où ils étaient avant la guerre. En effet, comme Livourne vendait aux belligérants des armes et d'autres articles de *contrebande de guerre*,

leur procurait des hommes et des vaisseaux, il ordonna de continuer le même commerce indistinctement avec tous, à la seule condition de ne point
porter les munitions aux parties intéressées.

Et, de fait, on ne peut observer une neutralité
plus exacte que celle qui accorde la même chose à
toutes les nations belligérantes. En pareil cas, la
nation neutre est toujours impartiale, soit qu'elle
accorde tout à tous, soit qu'elle refuse également
tout à tous. Dans cette dernière circonstance, sa
position devient très malheureuse; elle se prive du
commerce de beaucoup d'articles de marchandise,
et cause un préjudice immense à ceux qui, à l'origine d'une guerre, ayant en magasin une grande
abondance d'objets de contrebande, se trouvent
dans la dure condition de laisser leurs capitaux oi-
sifs et sans emploi jusqu'au retour de la paix. Au
contraire, en accordant à tous le commerce de
leurs marchandises, elle prend plus de vigueur en
multipliant ses opérations; elle trouve plus facile
ment à écouler ses produits, et pourvoit en même
temps aux besoins des parties belligérantes dans
les ports neutres. A ce propos, notre célèbre *Galiani* remarque que si tous les neutres refusaient
aux belligérants les moyens de poursuivre la

guerre, celle-ci cesserait par la fermeture des ports neutres.

Ajoutez à tout cela que, lorsque les neutres vendent à tous indistinctement, on ôte aux gouvernements l'embarras de réclamations continuelles, on prévient les contraventions, on ferme l'accès aux plaintes des belligérants. En même temps, on laisse aux négociants le champ libre pour faire leurs achats en gros et pour en retirer paisiblement les bénéfices, lesquels tournent toujours à l'avantage des nations.

Ce n'est pas seulement une parfaite égalité envers deux parties belligérantes qui caractérise la neutralité, mais aussi la continuation de l'état des relations morales qui subsistaient entre les neutres et les belligérants avant que la guerre n'eût éclaté ; en conséquence, il faut aussi avoir égard au commerce qu'exerçaient les neutres avant ce moment. Supposez qu'une nation n'eût fait en aucun temps le trafic des munitions de guerre, et qu'elle l'entreprît avec une des puissances belligérantes quand la guerre est allumée, elle serait avec raison soupçonnée de vouloir rompre la neutralité.

Toute nation généreuse qui s'estime elle-même doit s'abstenir de violer les lois et les usages favorables aux neutres : elle doit renoncer à tout ce qui lui procure un avantage momentané et passager à leur détriment. Quand on sait respecter le droit des gens, le monde entier ne peut qu'applaudir et rendre hommage à ce sentiment.

Si l'Angleterre avait toujours suivi le principe proclamé par la célèbre Elisabeth en 1575, et notifié à l'Europe par ses ministres Guillaume Winter et Robert Beel, à savoir, que les Hollandais n'avaient pas droit de saisir les bâtiments destinés pour les ports de l'Espagne, par la raison que celle-ci était en guerre avec la Hollande ; si le parlement anglais s'était toujours conformé à la décision de celui de 1653, qui fit répondre à l'envoyé de Suède qu'à l'exception des munitions de guerre, les Suédois étaient maîtres de faire le commerce de toute espèce de marchandises, en quelque lieu et avec quelque nation que ce fût ; si l'Angleterre s'était souvenue de la déclaration faite en 1744 (temps plus voisin de nous) par lord *Conterêt*, secrétaire d'Etat à Londres, au ministre de Prusse, que les sujets des puissances neutres étaient libres de commercer partout, pourvu qu'ils s'abstinssent de porter des munitions de guerre aux ennemis de la Grande-Bretagne, ou des vivres dans les places bloquées par ses armées de terre et de mer ; si, enfin, elle avait toujours conformé ses actes à ses communications officielles , son histoire, en ce qui touche le droit public maritime , présenterait une tache de moins, tache honteuse pour une grande nation.

Les principes qui précèdent ont évidemment pour corollaires :

Que la liberté absolue du commerce des neutres est un axiome inattaquable ;

Que les seules restrictions à faire à cet égard consistent à défendre l'introduction de recrues, de vivres et de munitions de guerre dans les places assiégées et effectivement bloquées ;

Qu'il n'est pas permis aux nations qui n'ont jamais fait le commerce des objets dits de contrebande de guerre, d'entreprendre cette nouvelle branche d'industrie pour l'usage de ces mêmes places ;

Qu'en agissant ainsi on met en doute l'état parfait de neutralité ;

Que les neutres peuvent continuer leur commerce pour tous ceux des objets qui sont de leur cru, et dont ils ont toujours fait une branche de trafic, pourvu que cela se pratique avec tous également, sans exception ni préférence aucune ; d'où il suit qu'ils continueront à exercer avec les puissances belligérantes le même commerce qu'ils exerçaient avant la guerre ;

Que pour les neutres il n'y a point de guerre : les belligérants sont leurs amis, et c'est un devoir de leur accorder tout ce qu'on accorde aux autres peuples qui sont en pleine paix ; ces concessions cependant doivent être impartiales, et l'impartialité doit s'étendre, non seulement aux opérations commerciales, mais aussi aux simples actes officieux d'humanité ;

Et, finalement, qu'il n'y a point de doute que les neutres, dans leurs propres ports, ne puissent vendre aux belligérants toutes sortes de munitions de guerre. Tout au plus peut-on, pour éviter les contestations, prohiber les enrôlements de soldats et les recrues de marins.

Nous ferons remarquer toutefois que les principes ci-devant exposés sont subordonnés aux stipulations mêmes. Expliquons mieux cette idée. Je suppose qu'un gouvernement ait contracté l'obligation de s'abstenir, en cas de guerre, du trafic, dans ses ports, des articles reconnus et exclus comme objets de contrebande ; alors, on doit s'en tenir aux conditions stipulées. Mais s'il n'existe aucun traité, le commerce doit être libre, sauf le petit nombre d'exceptions ci-dessus énoncées, lesquelles ne sont pas de droit, mais de simple convenance. Qu'on n'oublie jamais cependant que la base fondamentale et inaltérable de la neutralité, c'est l'impartialité la plus parfaite.

CHAPITRE VII.

Du Blocus.

Laissant de côté l'étymologie du mot *blocus*, qui a été diversement présentée, je dirai qu'en langage maritime le *blocus* est l'acte par lequel ordinairement on enferme un port, en le faisant garder par des vaisseaux de guerre sur tous ses points, de manière à empêcher qu'aucun navire, quelque petit qu'il soit, puisse entrer ou sortir sans être vu et arrêté. Ainsi, un port est *bloqué*, lorsque tous les passages du côté de la mer sont fermés.

Bourdet (*Manuel des Marins*) dit : « Le *port blo-* » *qué* est celui dont toutes les sorties et les entrées » sont occupées et rigoureusement gardées par des » vaisseaux de guerre, de façon qu'on ne puisse » ni entrer ni sortir sans être pris. »

Ordinairement le blocus est un siége par le moyen duquel on tente de réduire la place et le port, non pas de vive force, mais par la faim : on l'établit le plus souvent pour en venir à un arrangement, en empêchant la sortie des vaisseaux de guerre, ou en les provoquant à une bataille navale, ainsi que cela arriva dans la dernière guerre à Cadix. Souvent aussi le but du blocus est d'empêcher le commerce ou de lui porter préjudice.

Le droit des gens permet de soumettre au blocus les places fortes seulement; et c'est pour cela qu'il ne devrait pas être applicable aux villes, aux ports de commerce non fortifiés, aux rades et aux embouchures des fleuves non défendues. En droit, personne ne peut déclarer bloqué un lieu où il n'existe pas de fortifications, où n'*habite* pas l'ennemi, et où il n'y a point de bâtiments de guerre. On a vu, dans les dernières guerres, les nations les plus civilisées donner l'exemple de ce monstrueux abus.

C'est de l'orgueil et de l'avarice qu'est née chez les nations belligérantes l'injuste prétention de déclarer en état de blocus des lieux lointains et dispersés sur toute l'étendue des côtes d'un État, d'un royaume, d'un empire, de telle sorte que toutes les forces réunies de la puissance qui déclarait le blocus auraient été incapables de les investir. C'est ce qu'on appela *blocus sur le papier*.

D'après ces déclarations oppressives, on en vint

à réputer ennemi tout individu appartenant à l'État ennemi aussi bien qu'aux nations neutres; on arrêta non seulement les vaisseaux de guerre de l'ennemi, mais encore les navires de commerce neutres. Ceux-ci étaient arrêtés par l'effet de la déclaration de *blocus*, comme nous le verrons ci-après. En vertu de ce principe, des particuliers qui voyageaient paisiblement dans l'intérêt des affaires de leur négoce et de leurs spéculations personnelles, furent faits prisonniers. De cette manière, on fit la guerre à ceux qui n'étaient ni ennemis ni offenseurs. Il est facile d'inférer de là que ce système de blocus fut admis dans le but d'étendre aux propriétés mêmes des particuliers le droit de conquête, qui en temps de guerre ne peut s'appliquer qu'à ce qui appartient à l'État ennemi. Le patrimoine des particuliers n'appartient pas à l'État, et le conquérant ne doit avoir prise que sur les propriétés de ce dernier, en épargnant toujours, autant que possible, les propriétés privées. Le droit des belligérants se borne à défendre d'introduire des vivres et des munitions dans les ports bloqués, et à empêcher toute communication entre le port et la mer; il est analogue à celui qu'a un général d'armée de terre d'empêcher qu'on approvisionne de vivres une place ennemie, parce que les secours étrangers prêtés à cette place sont regardés comme un acte d'hostilité. Pour exercer ce droit, il faut que toutes les avenues qui conduisent à une place ou portion de pays bloqué soient partout gardées par des troupes, et qu'on ne puisse y entrer sans un danger évident. Il s'ensuit que les puissances maritimes en guerre sont autorisées à prendre avec l'aide de leurs flottes toutes les mesures possibles pour empêcher les neutres de faire avec les ports bloqués un commerce non permis et préjudiciable à la nation qui exerce le blocus. C'est pour cela qu'en droit rigoureux, l'objet du blocus doit être de faire la guerre, mais il ne doit jamais tendre à empécher et à troubler le commerce des neutres. De là vient la maxime qu'on ne peut étendre le blocus aux ports et aux places de simple commerce, ainsi que nous l'avons dit plus haut. En outre, l'état de blocus pour les places et les ports où il est légalement permis doit être effectif, de façon qu'un bâtiment ne puisse tenter de le rompre sans s'exposer au danger d'être capturé par les navires qui bloquent le port. Si le *blocus* n'était pas effectif, il en résulterait l'inconvénient qu'une nation belligérante empécherait tout le commerce des côtes et des ports par le fait de l'ordre qui les a déclarés bloqués, ce qui est on ne peut plus préjudiciable aux neutres, et contre tous les principes du droit public.

Du reste, l'abus a été porté si loin, que plusieurs fois des bâtiments neutres ont été pris, parce qu'ils se dirigeaient sur un port déclaré bloqué, tandis que le blocus effectif n'existait pas. On a justifié la prise en se fondant sur le principe que la prohibition n'avait pas été respectée. Qu'on dise plutôt qu'un tel abus n'a pu être commis qu'en s'appuyant uniquement sur la force.

Quand cependant le *blocus* déclaré est effectif et conforme aux principes du droit public, on doit regarder comme un acte hostile toute tentative faite pour le rompre ; et il est juste alors que la nation qui l'a établi se venge en prenant le bâtiment qui ose enfreindre les lois de la guerre. En pareil cas, les neutres n'ont pas le droit de se plaindre, puisque la puissance qui bloque ne fait qu'intercepter les moyens de défense à son ennemi. Les neutres augmentent les ressources de celui-ci, quand ils tentent de porter des secours dans un port bloqué ; c'est donc à bon droit que la nation qui investit peut y mettre empêchement. L'état de guerre autorise à priver l'ennemi de tout ce qui peut servir à augmenter ses forces.

Ces principes posés, il importe de parcourir les

divers manifestes et instructions émanés des puissances belligérantes dans les dernières guerres. Nous ne chercherons pas les exemples dans des temps fort éloignés de nous, et nous démontrerons que bien que la guerre, pour le bonheur de l'humanité, se soit dépouillée de beaucoup d'horreurs, les progrès, quant aux blocus, ont été cependant très lents. Et quoique la plupart des nations eussent reconnu les principes dans plusieurs traités et stipulations publiques, on n'a point ressenti les effets qu'on était en droit d'attendre de cet accord. Les nations qui se croient, et à juste titre, les plus avancées dans la voie du progrès sont celles qui ont le plus foulé aux pieds le droit des gens.

Il était réservé à la sagesse de Catherine, impératrice de Russie, de proclamer des principes équitables et conformes à ce droit sacré. Dans sa déclaration du 28 février 1780, qui fut communiquée aux puissances maritimes, elle établit ceux qui suivent :

« 1° Les neutres peuvent naviguer librement de » port en port, et sur les côtes des nations en » guerre.

» 2° Les effets appartenant aux sujets des na» tions en guerre seront libres sur les vaisseaux

» neutres , à l'exception des marchandises de con-
» bande.

» 3° Pour déterminer ce qui caractérise un port
» bloqué , on n'accordera cette dénomination qu'à
» celui où il y a, par la disposition de la puissance
» qui l'attaque avec des vaisseaux arrétés et suffi-
» samment proches, danger évident d'entrer. »

Le Danemark et la Suède firent également de
semblables déclarations , où étaient contenus les
mémes principes , et les notifièrent aux puissances
maritimes. Ces deux nations conclurent ensuite ,
le 9 juillet 1780, une convention , connue sous le
nom de *Traité de la neutralité armée* , ayant pour
but le maintien des principes ci-dessus énoncés,
et où il fut établi, relativement au troisième point
de droit , qu'on regardait comme un port bloqué
celui qui était parfaitement gardé , et où un bâtiment ne pouvait tenter d'entrer sans s'exposer à
être capturé; qu'en conséquence la puissance belligérante était tenue de faire stationner très près
du port déclaré bloqué des vaisseaux de guerre
postés de façon qu'il y ait danger d'y pénétrer ; que
le blocus devait être effectif; qu'il n'était qu'une
conséquence des opérations militaires, et ne pouvait avoir pour unique objet de troubler et de ruiner le commerce des neutres.

La France et l'Espagne applaudirent aux principes contenus dans la déclaration de la Russie, et en exaltèrent la sagesse et la politique. Ces deux puissances adhérèrent aussi aux déclarations du Danemark et de la Suède.

La cour de Versailles, le 27 juillet 1780, répondit au Danemark que les principes de la neutralité armée étaient le plus grand avantage que la guerre présente pouvait procurer à l'Europe; de plus, le roi de France déclara que ces principes sages et éclairés, que proclamait le Danemark, étaient entièrement conformes à ceux que la France avait adoptés depuis le commencement de la guerre.

La réponse d'adhésion de l'Espagne fut du 7 août 1780.

Une semblable réponse fut faite à la Suède. La Russie avait, le 3 avril 1780, invité les états-généraux des Provinces-Unies à accéder à la neutralité armée, et le 24 décembre de la même année, le président de la Hollande signa à Saint-Pétersbourg l'acte d'adhésion de son gouvernement. Les ratifications furent échangées le 24 février 1781.

La Prusse, par un acte signé du comte *Goartz*, au nom du roi, le 8 mai 1781; l'empereur Joseph II. par un acte du 9 octobre de la même année; le

Portugal, par un traité que M. d'*Harte Mortado*, ministre à Saint-Pétersbourg, conclut le 13 juillet 1782; enfin, le roi des Deux-Siciles, le 10 février 1783, par l'entremise de son ministre à Saint-Pétersbourg, accédèrent successivement à ces principes de neutralité.

L'Angleterre n'admit ni ne reconnut formellement les principes contenus dans ces conventions, principes contraires au système qu'elle avait suivi et qu'elle n'entendait pas abandonner. Comme les circonstances du moment lui conseillaient de ne point s'y opposer, elle s'y prit avec art, et dissimula ses prétentions jusqu'à une époque plus favorable. En effet, sa réponse à la Russie est pleine de protestations d'amitié; elle lui donne l'assurance que le pavillon russe sera toujours respecté selon le droit des gens et la teneur des traités de commerce existants. Elle annonce avoir donné à ce sujet des ordres qu'elle présume devoir empêcher toute irrégularité, et à l'exécution desquels on veillera strictement (1). Il résulte évidemment de tout ce qui a été exposé jusqu'ici que, pour ce qui

(1) Dans le chapitre précédent il a été fait une mention précise de la réponse de la Grande-Bretagne à la Russie, ainsi que de celle donnée au Danemark et à la Suède.

concerne les blocus, presque toutes les nations sont convenues d'appeler port bloqué celui devant lequel il existe des forces assez considérables pour qu'il y ait danger d'y entrer.

Cependant les Anglais, en 1793, défendirent aux bâtiments chargés de céréales d'entrer dans les ports de France.

La République française, le 9 mai de la même année, ordonna aux bâtiments de guerre et aux corsaires d'arrêter et de conduire dans les ports de France les navires neutres qui seraient chargés, en totalité ou en partie, de comestibles appartenant à des ennemis ou à des neutres, et destinés pour des ports ennemis. Il fut déclaré également que les comestibles appartenant à l'ennemi seraient de bonne prise et adjugés à ceux qui les auraient confisqués; que, quant à ceux qui appartiendraient aux neutres, ils seraient payés selon le cours de la place en tenant compte des dépenses, et en accordant une compensation au navire, eu égard au lieu de sa destination. Par ce décret, le gouvernement français ruina les principes de la neutralité armée, auxquels il avait si fort applaudi, ainsi que la convention qu'il avait conclue avec le Danemark le 30 septembre 1749 (1).

(1) Ce passage, qui est une reproduction de ce qui a été

La Grande-Bretagne, par l'article 2 de ses instructions en date du 8 juin 1793 (dont nous avons parlé
dans le chapitre 5), autorise les commandants de
ses vaisseaux de guerre et les armateurs à arrêter
tous bâtiments qui tenteraient d'entrer dans un
port bloqué, et à les envoyer en Angleterre pour
être jugés et condamnés. Sont exceptés les bâtiments suédois et danois qui seront empêchés d'entrer pour la première fois, mais qui, s'ils tentent
une seconde fois, seront condamnés aussi. L'article
troisième porte que, dans le cas où S. M. Britannique déclarerait un port en état de blocus, il est
enjoint aux commandants des vaisseaux anglais et
aux armateurs, s'ils rencontrent à la mer des bâtiments qui seraient destinés pour ce port, mais qui
auraient mis à la voile avant la déclaration dont il
s'agit, de les en avertir et de les laisser libres, à
moins qu'après cet avis ils tentent d'entrer dans
un port bloqué, dans lequel cas ils seraient sujets
à être pris et à être envoyés en Angleterre pour y
être condamnés, ainsi que tous bâtiments qui seraient partis de leurs ports après que l'état de blo-

écrit dans le paragraphe des traités, nous a paru devoir être
rapporté ici pour la connexité des idées.

cus aurait été déclaré, et que ladite déclaration aurait été connue. En janvier 1794, l'Angleterre ne se borna pas à exécuter rigoureusement ces instructions, elle fit encore pis. L'amiral Hood, qui commandait dans la Méditerranée, déclara de bonne prise tous les bâtiments destinés pour les ports de France ou qui en sortiraient, sans distinction ni de leur chargement ni de la nation à laquelle ils appartiendraient.

L'Angleterre déclara la France entière en état de blocus. Des instructions ultérieures, données en 1798 aux commandants et armateurs anglais, étendirent cette mesure à l'Espagne, aux Provinces-Unies et à leurs colonies. Le 11 juin, *Texel* fut déclarée bloquée, et, le 21 mars, le blocus fut étendu à tous les ports de la Hollande. Les juges de l'amirauté anglaise ne bornèrent pas là ces blocus imaginaires : ils condamnèrent les bâtiments qui étaient entrés dans les ports de la Hollande avant la déclaration de blocus, et qui en étaient ressortis vides précisément pour ôter tout prétexte de litige

La trop fameuse catastrophe arrivée dans la nuit du 24 mars 1801 changea l'état des choses. Le successeur de Paul Ier mit fin aux différends par la convention du 17 juin 1801 (1), dont l'article 6 porte qu'on regardera comme port bloqué celui où il y a, par la disposition de la puissance qui l'attaque avec des vaisseaux arrêtés ou suffisamment proches, danger évident d'entrer. Dans une seconde convention signée ensuite à Moscou le 23 octobre 1801, la Grande-Bretagne renonce à son prétendu droit de *blocus sur le papier*. Le Danemark et la Suède accédèrent également à ces conventions (2). La Grande-Bretagne reconnut ainsi, par ces stipulations successives, le principe que, pour déclarer un port en état de blocus, il est nécessaire d'entretenir devant ce port des forces permanentes.

Cependant, plus la lutte s'échauffait entre la France et l'Angleterre, plus celle-ci méconnaissait les droits des neutres et ceux de ses alliés mêmes. En novembre 1807, elle déclara en état de blocus la France, l'Espagne, les pays de leurs alliés, toutes les places où se trouvaient des armées de ces deux puissances, tous les ports des pays dont le pavillon

(1) Nous avons longuement parlé de cette convention dans le chapitre concernant le pavillon.

(2) Les conventions du Danemark et de la Suède sont, la première du 28 octobre 1801, la seconde du mois de mars 1802. *Voir* le § II du chapitre V.

anglais était exclu, quoique ces pays ne fussent point en guerre avec la Grande-Bretagne, et enfin les colonies appartenant à ses ennemis. Elle ne se contenta pas 'de ces dispositions : elle assujettit en outre les navires des puissances neutres, ses amies et alliées, à subir la visite des vaisseaux anglais mis en croisière, et à mouiller dans un port quelconque de la Grande-Bretagne, avec l'obligation d'y acquitter certains droits fixés par la législation anglaise. Et le 19 du même mois de novembre, un ordre fut rendu pour l'expédition des patentes à délivrer aux armateurs contre la Toscane, Raguse, Naples et les sept îles, comme aussi pour tous les ports de la Méditerranée et de l'Adriatique, qui se trouvaient sous la domination de la France et de ses alliés.

En effet, les bâtiments de commerce américains qui se trouvaient sur la côte de la Hollande furent obligés par une frégate anglaise de se transporter en Angleterre, quoiqu'au moment de leur départ ils ignorassent que l'état de blocus eût été imposé à toute l'Europe.

A leur arrivée dans les ports britanniques, ils furent examinés, et cet examen ayant fait reconnaître qu'ils avaient été effectivement chargés dans des ports neutres et avant la déclaration du blocus, ils obtinrent de partir après que mention eut été faite au dos de leurs papiers qu'ils avaient été examinés, et qu'ils pouvaient librement continuer leur route.

Les droits qu'on établit sur les sucres, les tabacs et autres articles furent déterminés de telle manière qu'il convenait toujours de donner la préférence aux bâtiments anglais.

Napoléon, usant de représailles, rendit à Milan, le 17 décembre 1807, un décret où il s'exprima ainsi :

« Considérant que par ses actes le gouverne-
» ment anglais a dénationalisé les bâtiments de
» toutes les nations de l'Europe ; qu'il n'est au
» pouvoir d'aucun gouvernement de transiger sur
» son indépendance et sur ses droits, tous les sou-
» verains de l'Europe étant solidaires de la souve-
» raineté et de l'indépendance de leur pavillon ; que
» si, par une faiblesse inexcusable et qui serait
» une tache ineffaçable aux yeux de la postérité,
» on laissait passer en principe et consacrer par
» l'usage une pareille tyrannie, les Anglais en
» prendraient acte pour l'établir en droit, comme
» ils ont profité de la tolérance des gouvernements
» pour établir l'infâme principe que le pavillon ne
» couvre pas la marchandise, et pour donner à leur

» droit de blocus une extension arbitraire et atten-
» tatoire à la souveraineté des Etats ;

» Nous décrétons ce qui suit :

ARTICLE PREMIER.

» Tout bâtiment, de quelque nation qu'il soit,
» qui aura souffert la visite d'un vaisseau anglais,
» ou se sera soumis à un voyage en Angleterre, ou
» aura payé une imposition quelconque au gouver-
» nement anglais, est par cela seul déclaré déna-
» tionalisé, a perdu la garantie de son pavillon, et
» est devenu propriété anglaise.

ARTICLE II.

» Soit que lesdits bâtiments, ainsi dénationalisés,
» entrent dans nos ports ou dans ceux de nos
» alliés, soit qu'ils tombent au pouvoir de nos
» vaisseaux de guerre ou de nos corsaires, ils sont
» déclarés de bonne et valable prise.

ARTICLE III.

» Les îles britanniques sont déclarées en état de
» blocus sur mer comme sur terre.

» Tout bâtiment, de quelque nation qu'il soit,
» quel que soit son chargement, expédié des ports
» de l'Angleterre ou des colonies anglaises ou de-
» puis occupées par les troupes anglaises, ou al-
» lant en Angleterre ou dans les colonies anglaises,
» ou dans des pays occupés par les troupes an-
» glaises, est de bonne prise, comme contrevenant
» au présent décret. »

La cour d'Espagne, par son décret du 3 janvier 1808, déclara également les îles britanniques
en état de blocus; il y est dit :

« L'abominable attentat commis par les vais-
» seaux de guerre anglais dans l'année 1801, par
» ordre exprès de ce gouvernement, contre les
» quatre frégates de la flotte royale, lesquelles,
» naviguant avec sécurité et en bonne paix, ont été
» injustement surprises, attaquées et forcées de se
» rendre, m'a déterminé à rompre toute relation
» avec le cabinet britannique, et à me considérer
» comme en état de guerre contre une puissance
» qui a si iniquement violé le droit des gens
» et de l'humanité. Deux ans de guerre se sont
» écoulés, sans que la Grande-Bretagne ait modéré
» son orgueil, ni renoncé à l'injuste domination
» qu'elle exerce sur les mers; au contraire, con-
» fondant à la fois ses amis mêmes, ses ennemis

» et les neutres, elle a manifesté l'intention for-
» melle de les traiter tous de la même manière.

» Rien ne le prouve mieux que la résolution que
» ce gouvernement a adoptée par son ordre du
» 14 novembre dernier, qui non seulement dé-
» clare en état de blocus toutes les côtes de France,
» d'Espagne et de leurs alliés, et toutes celles oc-
» cupées par les armées de l'une ou de l'autre de
» ces puissances, mais qui assujettit aussi les na-
» vires des puissances neutres, amies et même
» alliées de l'Angleterre, à subir la visite des bâti-
» ments anglais en croisière, à mouiller forcément
» dans un port de la Grande-Bretagne, et à acquit-
» ter sur leurs chargements un droit déterminé
» par la législature anglaise.

» Autorisé par un juste droit de représailles à
» prendre les mesures qui me sembleraient con-
» venables pour empêcher l'abus que le cabinet
» britannique fait de ses forces à l'égard des pavil-
» lons neutres, et avisant aux moyens de l'obliger
» à renoncer à une si injuste tyrannie, j'ai résolu
» d'adopter, et j'entends qu'on adopte dans tous
» mes États les mêmes dispositions qui ont été
» prises par mon intime allié l'empereur des Fran-
» çais et roi d'Italie. »

Les choses demeurèrent en cet état jusqu'à la

chute de Napoléon et au congrès de Vienne. Cette auguste assemblée aurait dû, dans l'intérêt de l'humanité et pour le bien-être des peuples, établir un droit public maritime qui fût permanent et généralement consenti, et imposer en même temps des restrictions au droit de blocus. Elle s'occupa d'ailleurs de la libre navigation des fleuves, et une commission fut formée et chargée de faire un rapport à ce sujet. Les ministres de France, de Prusse, d'Angleterre et d'Autriche eurent particulièrement en vue les principes d'une libre navigation sur le Rhin et l'Escaut, et leur application aux autres fleuves navigables. Tout cela se fit, et fut accordé.

Les diverses puissances se promirent réciproquement de contracter des traités de commerce et de navigation; mais aucune de ces promesses ne fut faite de concert. L'instabilité du droit public maritime et l'abus du droit de blocus avaient été au surplus l'objet des justes plaintes de toutes les nations.

CONCLUSION.

Nous avons exposé dans le cours de cet écrit toutes les théories de droit et les faits qui regardent la pêche, les naufrages, la liberté du commerce et de la navigation, la souveraineté et l'indépendance du pavillon, la classification des objets dits de *contrebande*, et les blocus, en faisant ressortir combien ont varié les idées sur ces diverses matières. La plupart des nations et des philosophes ont fondé leurs principes sur le droit universel; d'autres n'ont consulté que leurs propres avantages et se sont appuyés sur la force. Une telle divergence a produit de très grands malheurs, comme nous l'avons démontré en traçant l'histoire des événements pendant la guerre.

A mon avis, le moyen de prévenir de tels inconvénients serait d'établir pour base fondamentale du droit public conventionnel,

« Que les nations doivent en temps de paix se

» faire réciproquement le plus de bien, et en temps
» de guerre le moins de mal possible. »

Ce principe, d'ailleurs, tire son origine du droit
dés gens et est inné dans le cœur humain. Les peuples dés âges les plus reculés ont toujours manifesté la plus grande estime pour les guerriers qui,
restés vainqueurs, ne se sont point salis par la
cruauté, et ont, au contraire, adouci en faveur de
l'humanité les horribles maux de la guerre.

De là les égards observés pour les prisonniers,
pour les cultivateurs, pour les pécheurs. La manière de faire la guerre devint plus humaine ; les
siéges entraînèrent moins de rigueur; des conventions assurèrent une tolérance réciproque et la
continuation du commerce.

Nous sommes heureux d'observer également que
les nouveaux traités qui se stipulent de temps à
autre tendent à ôter toute entrave au commerce
réciproque et aux communications de divers peuples, en leur laissant la faculté de se venir mutuellement en aide. De semblables actes sont conformes
à la liberté naturelle et aux besoins des hommes
qui vivent en société. A quoi ce progrès est-il dû?...
A la connaissance des besoins réciproques des peuples, à l'utilité qu'on retire de ce même progrès,
et enfin à une connaissance approfondie du droit

des gens. De celui-ci est né le principe que la mer, quelle qu'elle soit, ne peut être le domaine exclusif d'aucune puissance. Tous les peuples ont le droit d'y naviguer, d'y pêcher et de s'en servir pour commercer avec les nations les plus éloignées. C'est pourquoi les traités qui consacrent la liberté de la navigation et le libre usage de la mer ne sont point dérivés des droits conventionnels des puissances contractantes, mais ont leur base dans le droit universel des nations, dont les conventions particulières ne sont que l'application et le développement.

Qu'on renonce une fois pour toutes à cette fausse idée du domaine de la mer, et qu'on s'abstienne désormais de tout attentat contre la propriété et la fortune privées. Souvent on attaque la liberté personnelle des citoyens d'un État, parce que la guerre a été déclarée contre le prince, auquel ils obéissent, ou parce que le gouvernement auquel ils appartiennent n'a pas une force navale suffisante pour mettre obstacle aux entreprises illégales des belligérants.

Les particuliers doivent pouvoir commercer et naviguer sans être exposés à se voir saisis, ni par les belligérants, ni par des corsaires, dont les pirateries s'exercent à l'abri de lettres de marque.

Le droit de guerre ne peut s'étendre ni aux propriétés particulières, quelles qu'elles soient, ni aux
individus qui sont entièrement étrangers à la pro-
fession des armes. On doit imposer aux guerres
maritimes les mêmes restrictions que celles qui
ont lieu pour les guerres continentales dans les
invasions de provinces et de pays ennemis.

D'un autre côté, ce monstrueux abus qui consiste à empêcher, sous tant de prétextes capricieux,
les communications entre les peuples, tend à en
ruiner l'industrie, et blesse jusque dans sa racine
le droit universel des gens. De tels procédés sont
dignes seulement des temps de barbarie et d'injustice, et élèvent une barrière entre les hommes
et la civilisation.

Une opinion non moins erronée et fatale au
bonheur de la famille humaine est celle qui n'admet pas que, quand il s'agit des peuples, les
mots de droits et engagements puissent avoir la
même signification que lorsqu'il s'agit des particuliers. Les nations, n'étant pas sujettes à des lois
émanées des pouvoirs politiques, peuvent, dit-on,
franchement se prévaloir de leurs propres forces
pour seconder leurs intérêts. Il n'y a de juste que
ce qui est utile et avantageux.

Tels ne sont pas les principes qu'on doit adopter si l'on veut suivre les règles de la justice et les progrès de la civilisation. Aucun peuple, quelque puissant, quelque indépendant qu'il soit, ne peut s'affranchir du droit naturel et de ce qui passe universellement pour juste; il ne peut en quoi que ce soit attenter aux droits d'autrui. C'est du droit universel que dérive le code des nations.

La morale, cette loi de tous les peuples, indique ce qui est permis et ce qui ne l'est pas; toute infraction à cette loi est un acte injuste. La puissance plus ou moins grande d'un État ne détruit certainement pas l'idée de l'injustice. La morale enjoint à tous les peuples d'être équitables, quelles que soient la forme et la force de leurs gouvernements.

Les usages anciens, dus à la violence ou à l'ignorance des gouvernants, ne sont point des exemples suffisants pour détruire de semblables principes. Des traités de cette espèce ne peuvent mettre à néant, par les concessions qui y sont consenties, le droit primitif de la famille humaine; ils ne peuvent paralyser le libre exercice du droit, particulièrement en ce qui concerne les tiers qui n'ont eu aucune part à ces stipulations. Toutes les fois que de tels contrats sont déclarés nuls, à cause des vices qui leur sont inhérents, et que les parties cessent d'en remplir les conditions et de les respecter, les choses rentrent dans leur état naturel, et les hommes ne doivent suivre d'autre règle que celle du droit universel des gens.

Tant que les hommes vivront en société, ce droit universel sera la règle à laquelle doivent se conformer tous les peuples, l'unique législation qui restera gravée dans le cœur humain, soit qu'on l'ait observée, soit qu'on l'ait violée.

Le congrès de Vienne, qui, comme nous l'avons déjà dit plus haut, s'occupa de la libre navigation des fleuves, qui créa le royaume des Pays-Bas, qui recula la Prusse jusqu'au Rhin, qui accorda à l'Autriche le droit de tenir garnison dans plusieurs places fortes, qui crut garantir l'Allemagne et l'Italie des invasions de la France; qui agrandit la monarchie sarde et consacra au moyen de traités la neutralité de la Suisse et l'inviolabilité de son territoire; ce congrès ne s'occupa nullement du droit public maritime. Il ne fit rien pour garantir le libre commerce des neutres et pour mettre un frein à l'abus des blocus, qui, dans les dernières guerres, avaient porté un grave préjudice à toutes les nations.

Il eût été naturel, et de la plus haute importance, que cet auguste congrès, tandis qu'il songeait à prendre des garanties contre la puissance continentale qui avait tant de fois inquiété les nations pacifiques, se fût attaché aussi à détruire le mal que les puissances maritimes avaient occasionné dans d'autres temps, de façon à ce qu'il ne se renouvelât pas à l'explosion de la première guerre.

Après tant d'années de paix constante, dans un temps où les passions haineuses se sont assoupies parmi les nations, à une époque où le progrès des lumières rend les gouvernements enclins au bien-être des peuples, où la guerre elle-même s'est civilisée, où, enfin, les nations ont toutes le plus grand intérêt à faire respecter le droit des gens, qui est le fondement de leur tranquillité, il y a nécessité pour tous à observer et à remplir des conditions d'utilité et de bien-être qui doivent tourner au profit de la société humaine.

Dans un tel état de choses, je pense que les gouvernements devraient d'un commun accord établir un code de droit public maritime qui aurait pour base les principes salutaires que voici :

1° Reconnaître la liberté des mers dans toute leur étendue, tant pour la navigation que pour la pêche, sauf les exceptions qui ont été indiquées dans le chapitre de la *pêche* et de la *navigation*.

2° Porter tous les secours possibles, en cas de

naufrage, à ceux qui en seraient victimes, et établir les moyens de sauver et mettre en sûreté les navires et leurs cargaisons.

3° Prescrire, pour les pays où elles sont négligées, les mesures à prendre dans les ports, les rades et les baies, pour maintenir, soit leur police intérieure, soit la sûreté des bâtiments étrangers.

4° Établir définitivement que le pavillon couvre toute espèce de marchandise, même ennemie.

5° Ne visiter les bâtiments marchands que dans le cas seulement où ils ne seraient point convoyés, soit par un vaisseau de guerre de la nation à laquelle ils appartiennent, soit par un vaisseau d'une autre puissance neutre qui les aurait admis sous sa protection.

6° Entendre par neutralité une impartialité parfaite avec les puissances en guerre, et admettre en conséquence la continuation du commerce qui se faisait avant la guerre, en en exceptant les ports réellement bloqués, et les articles qui, d'un commun accord, auraient été rangés parmi les objets de *contrebande de guerre*.

7° Étendre le droit de blocus seulement aux ports fortifiés, et non pas à ceux de commerce; et appeler *port bloqué* celui devant lequel se trouvent stationnées des forces navales qui en empêchent l'entrée et la sortie.

8º Établir enfin que, par marchandises de *contrebande de guerre*, on entend simplement celles qui constituent des secours militaires d'une application immédiate aux opérations de la guerre.

Ces bases, et quelques autres que la sagesse des gouvernants croirait juste d'y ajouter, une fois fixées d'un commun accord, et rendues obligatoires pour toutes les nations, le sort des neutres ne serait plus incertain. Leur fortune à l'avenir ne serait plus à la merci de principes que le bon plaisir des nations belligérantes leur fait adopter en cas de guerre, surtout quand elles sont des puissances de premier ordre, et que les neutres, incapables de se faire justice par eux-mêmes, se trouvent dans la malheureuse impossibilité de leur résister.

FIN.

TABLE.

—